人際練習簿

用智慧編織屬於你的人脈

化解衝突、打破僵局，
只要找對方法，人際關係其實沒有那麼難　吳載昶．羅哈德 著

◎ 開口之前，你真的記住他人名字了嗎？
◎ 會說話不難，難的是說的話讓人喜歡
◎ 用真誠交心的方法，永遠不會過時

與其指責，不如讚美；與其爭辯，不如聆聽
掌握雙贏人際技巧，別再當社交邊緣人

目錄

人際交往原則

為他人著想 …………………………………… 006
善待他人 ……………………………………… 012
關心他人 ……………………………………… 027
牢記他人姓名 ………………………………… 041
傾聽與交流 …………………………………… 051
讚美他人 ……………………………………… 056
尊重他人說話權利 …………………………… 064

親近人際的祕訣

勇於認錯 ……………………………………… 074
勿逞口舌之快 ………………………………… 084
適度恭維 ……………………………………… 093
傾聽他人 ……………………………………… 110
顧全他人名譽 ………………………………… 120
尊重他人意見 ………………………………… 127

目 錄

雙贏人際的藝術

用智慧贏得認同 …………………………… 142

找出共同點 ………………………………… 148

激發高尚動機 ……………………………… 157

挑戰自我思想 ……………………………… 164

以成熟贏得信任 …………………………… 168

人際交流技巧

避免侮辱他人 ……………………………… 180

委婉指出錯誤 ……………………………… 186

巧妙糾正他人 ……………………………… 191

讚揚代替指責 ……………………………… 194

換位思考 …………………………………… 200

不輕易責怪 ………………………………… 203

人際交往原則

人際交往原則

為他人著想

你有時可能會遇到這種情況：對方或許完全錯了，但是他仍然不以為然。在這種情況下，不要指責他人，因為這不是聰明人的做法。你應該了解他，從他人的角度去考慮問題。

對方為什麼會有那樣的思想和行為，其中自有一定的原因。探尋出其中隱藏的原因來，你便得到了了解他人行動或人格的鑰匙。而要找到這種鑰匙，就必須設身處地，將自己放在他人的位置上。

你可以這樣思考：「如果我處在他當時的環境中，我將有何感受、有何反應？」這樣你就可省去許多時間與煩惱，也可以增加許多處理人際關係的技巧。

「暫停一分鐘。」肯尼斯・古德在他的作品《如何使人變得高貴》中說：「暫停一分鐘，將你對自己事情的濃厚興趣，和你對別的事的漠不關心做一做比較。然後你就會明白，世界上任何其他人也都是同樣的態度。以後，你就能像林肯、羅斯福一樣，把握住除了看守監獄以外的任何工作的基礎和

為他人著想

機會。換句話說，為人處世之成功與否，全在於你能否以同情之心接受別人的觀點。」

山姆‧道格拉斯住在紐約州亨普斯特德市，他以前總是數落他的妻子，說她在修整家中的草地、拔雜草、施肥和剪花草方面浪費了太多的時間。他指責她每個星期這樣做兩遍，可是草地看上去沒有比4年前更好看。道格拉斯這種話當然讓他妻子十分不高興，因此每當他這樣指責她時，整個晚上家中就會籠罩著一層烏雲。

後來，道格拉斯先生意識到了他這些年來犯的大錯。他從來都沒有想過，妻子在修整草地時，也會從中獲得快樂，以及她渴望由此而得到誇獎的期盼。

有一天晚上，吃完晚飯之後，妻子說要去除雜草，並想要道格拉斯陪她一起。道格拉斯一開始並沒有答應，但是後來他想了一下，就陪她出去並幫她拔草。她顯然非常興奮，兩個人一起拔了一個多小時，度過了一個愉快的晚上。

從那以後，道格拉斯先生經常陪妻子修整草坪，並誇獎妻子，說她把草坪修整得好看，而且院子裡的泥土地整得像水泥地一樣光滑。結果他們兩人都從中獲得了快樂，因為他學會了從妻子的觀點來看事情。

吉拉德‧利奧德在他的作品《深入他人之心》中評論：

人際交往原則

「當你認為別人的觀念、感覺與你自己的觀念和感覺同等重要，並向對方表示這一點時，你和別人的交談才會輕鬆愉快。在談話開始的時候，要盡量使對方提出這次談話的目的或方向。如果你是傾聽者，你就要克制自己不要隨意說話。如果對方是傾聽者，你接受他的觀點，將會使他大受鼓舞，能夠與你開懷暢談，並接受你的觀念。」

戴爾・卡內基（Dale Carnegie）常到離家不遠的公園中散步、騎馬，以此作為消遣，像古時的傳教士一樣。他很喜歡橡樹，所以每當他看見一些小樹及灌木被人為地燒掉時，就非常痛心。這些火災不是由粗心的吸菸者所致，它們差不多都是由到園中野炊的孩子們燒起來的，有時這些火蔓延得很凶，以致只有出動專業消防隊才能撲滅。

卡內基注意到公園有一塊警示牌，上面寫道：凡引火者應受罰款及拘禁。但是這牌子豎在偏僻的地方，能看見它的人很少。有一位騎馬的警察在照看這個公園，但是他對自己的職務不大認真，火仍然經常蔓延。有一次，他跑到一個警察那邊，告訴他一場火正急速地在園中蔓延著，要他通知消防隊。他卻冷漠地回答說，那不是他的事，因為不在他的管轄區中！

從那時起，當他騎馬的時候，他就自願承擔起保護公共地方的義務。最初，他沒有試著從兒童的角度來對待這件

為他人著想

事。當他看見樹下起火時就非常不快，急於想做出正當的事來阻止他們。他上前警告他們，用威嚴的聲調命令他們將火撲滅。而且，如果他們拒絕，就說要將他們交給警察。他只顧發洩他的情感，而沒有考慮想野餐的孩子們的心理和感受。

這樣做的後果是那些孩子表面上服從了，心裡卻相當反感，而當他一離開，他們又重新生火，並恨不得燒盡公園。

多年以後，卡內基增加了一些有關人際關係學的知識與手段，於是他不再釋出命令，甚至威嚇他們，而是和顏悅色地向他們說道：「孩子們，這樣很愜意，是嗎？你們在野餐嗎？當我和你們一樣大時，我也喜歡生火 —— 我現在也很喜歡。但是你們知道，在公園中生火是極危險的，我知道你們會非常小心，但是別的孩子們不會這樣小心，他們看見你們生了火，也會學著生火，回家的時候也不撲滅，以致造成火災。如果我們都不小心，這裡就會沒有樹林。而沒有了草地和樹木，我們就沒有可以野餐的地方。而且，假若不慎引起火災，你們還可能被拘捕入獄。我不干涉你們的快樂，我喜歡看到你們如此快樂。但是請你們即刻將所有的樹葉耙得離火遠些 —— 在你們離開以前，你們要小心地用土蓋起來，下次你們取樂時，請你們到山丘那邊的沙灘中生火好嗎？那裡不會有危險 —— 多謝了，孩子們。祝你們快樂。」

009

人際交往原則

　　同樣是制止，但是說話方式不同，就能產生不同的效果，後面這一席話，會使孩子們產生一種與你合作的欲望，而且沒有怨恨，沒有反感，沒有被強制服從命令的反抗心理，因為卡內基讓他們保全了面子。孩子們覺得這樣好多了，因為在處理這件事情時，考慮了他們的心理感受。

　　當個人的問題顯得更加急迫的時候，如果能從別人的觀點來看問題，那麼也能在一定程度上緩解緊張的氣氛。例如澳洲的伊麗莎白・諾瓦克已有 6 個星期沒有支付分期買車的錢，這使她遇到了一些麻煩。

　　「在某個星期五。」伊麗莎白說：「一位負責分期付款的男人打電話給我，很不禮貌地告訴我，如果我在下週一早上還不繳付 122 美元的話，他們公司將採取進一步措施。由於到了週末，我自然籌措不到這筆錢。因此，到了星期一時，我一大早就接到了那個男人氣沖沖的電話。不過我並沒有對他發火，我是從他的立場來分析這件事。我先真誠地向他道歉，並說帶給他這麼大的麻煩，而且我已經不是頭一次逾期未付款，因此我一定很讓他為難。聽了這些話，他的語氣立即緩和下來，並說我根本不是令他頭痛的顧客。他還舉了好幾個例子，說有些人更不講理，不僅信口胡說，還躲著不見他。

　　我沒有說更多的話，就讓他說出了心中的不愉快。然

為他人著想

後，根本不需我請求，他就說即使我不能立刻繳付欠款，問題也不大；還說如果月底之前我能先繳付 20 美元，然後在手頭方便時付清餘額，一切都好說。」

所以，為什麼不先停一下，閉上眼睛，從對方的角度將整個事情想一想？問問你自己：「他為什麼要這樣做？」當然，那要花許多時間，但是那能使你贏得朋友，培養情誼，並且減少摩擦，少惹麻煩。

哈佛商學院的一位院士說：「在與人會談以前，假如我對自己要的，以及對他人要回答的東西沒有一個清楚的概念，那麼，我情願在辦公室外面考慮兩個小時。」

永遠按照對方的觀點去想，按他人的立場去對待事物，就像對待你自己的一樣，這樣的處事方法將是影響你終身事業的一個關鍵因素。

記住：盡可能真誠地從對方的角度看事情。

人際交往原則

善待他人

在生活中，我們有時會激怒他人，有時也會被他人激怒。當你被他人激怒，並且說了一大堆氣話之後，你的確出了一口惡氣，讓自己得到一些輕鬆，但是你有沒有想過他人會怎麼樣呢？他人會分享你的一吐為快嗎？你那充滿憤怒的聲調、敵對的態度，能夠使其他人理解嗎？

「假若你握緊雙拳來找我，我想我也會不甘示弱。」伍德羅・威爾遜（Woodrow Wilson）總統說：「但是，如果你對我說：『讓我們坐下來討論討論，假如我們意見不同，不同之處在哪裡？問題的癥結在哪裡？』那麼，我是可以接受的。我們或許只在部分觀點上不同，但是大部分還是一致的。只要彼此有耐心、開誠布公，達成一致是不會有困難的。」

1915年，美國歷史上發生了礦業史最激烈的罷工，時間持續兩年之久，憤怒的礦工要求科羅拉多燃料鋼鐵公司提高薪水、提高待遇。當時，小約翰・D・洛克斐勒（John D. Rockefeller Jr.）還是科羅拉多州一個不起眼的人物，他正負責管理這家公司。由於群情激憤，公司的財產遭到破壞，軍

隊前來鎮壓，於是造成流血，不少罷工工人被槍殺。

當時的情形已達到了民怨沸騰的地步，小洛克斐勒後來卻贏得了罷工者的信服。他的奧妙何在呢？

小洛克斐勒花了好幾個星期結交朋友，並向罷工者代表發表談話。那次的談話可稱之為不朽，它不僅平息了眾怒，還為他自己贏得了不少讚譽。演說的內容是這樣的：

「先生們！這是我一生當中最值得紀念的日子，因為這是我第一次有幸能和這家大公司的員工代表、公司行政人員和管理人員見面。我能夠告訴你們的是，我很高興站在這裡，而且，有生之年都不會忘記這次聚會。兩個星期之前，我對大家都還比較陌生，我只認識少數幾個人，但是現在我對大家比較熟悉了。因為上個星期以來，我有機會拜訪整個附近南區礦場的營地，私下和大部分代表交談過；我拜訪過你們的家庭，與你們的家人見面，因而如今我不算是陌生人，可以說是朋友了。基於這份互助的友誼，我十分榮幸有這個機會和大家來共同探討與我們的切身利益息息相關的一些問題。

由於這個會議是由資方和勞工代表所組成，承蒙你們的好意，我得以坐在這裡。雖然我並非股東或勞工，但是我深覺與你們關係密切。從某種意義上說，我既可以代表資方，

人際交往原則

也可以代表勞工方。」

這篇出色的演講，化解了資方和勞工方劍拔弩張的緊張局勢，使一切風暴漸趨平息。假如小洛克斐勒採用的是另一種方法，與礦工們爭得面紅耳赤，用不堪入耳的話罵他們，或用話暗示錯在他們，用諸多理由證明礦工的不是，那麼結果會如何？必然會激起更多的憤怒、更多的反抗。

如果人心不平，對你印象惡劣，你就是用盡所有理論也很難使他們信服於你。想想那些好責備的雙親、專橫跋扈的上司、嘮叨不休的另一半。我們都應當意識到一點：人的思想不易改變。你不能強迫他們同意你，但是你可以用溫和與智慧去引導他們。

大約在100年前，林肯就曾有過這樣的看法：

「自古就有一句處世真理：『一滴蜂蜜要比一加侖的膽汁能招引更多的蒼蠅。』人也是這樣，如果你想贏得人心，首先要讓他人相信你是最真誠的朋友。那樣就像有一滴蜂蜜吸引住他的心，也就有一條坦然大道通往他的理性。」

有識之士都明白，對罷工者表示出一種友善的態度是必要的。舉例來說，懷特汽車公司的某個工廠有250個員工，他們因要求加薪而舉行罷工。當時的公司總裁羅伯‧布萊克沒有採取動怒、責難、恐嚇或發表霸道談話的做法，而是在

善待他人

報刊上刊登了一則廣告，稱讚那些罷工者「用和平的方法放下工具」。因為發現罷工監察員無事可做，布萊克便買了許多球棒和手套讓他們在空地上打棒球。

布萊克的友善舉動，獲得了罷工者富有人情味的反應。他們找來了掃把、鏟子和垃圾推車，開始把工廠附近的紙屑、菸蒂、火柴等垃圾掃除乾淨。難以想像，一群罷工工人在爭取加薪、承認聯合公司成立時，同時清除工廠附近的地面！這種景象在漫長、激烈的美國罷工史上是獨一無二的。在這種懷柔政策的感召下，罷工在一星期內獲得和解，而且沒有產生任何不快或遺憾。

著名律師丹尼爾・韋伯斯特（Daniel Webster）被無數人敬仰，他的聲譽如日中天，但是他那極具權威的辯論始終充滿了溫和的字眼，他的辯論中常常出現這些詞語：「這有待陪審團的考慮」、「這也許值得再深思」、「這裡有些事實，相信你沒有疏忽掉」、「這一點，由你對人性的了解，相信很容易看出這件事的重大意義」——沒有恫嚇，沒有高壓手段，沒有強迫說明的企圖。韋伯斯特用的都是最溫和、平靜、友善的處理方式，可是這絲毫不損害其權威性，而這正是他成功的最大力量。

由於從事行業的不同，或許你並沒有機會去處理罷工風潮，或是在陪審團成員面前發表演說，可是，你可能有機會

人際交往原則

遇到類似下面這樣的情況。

史特勞伯先生是個工程師,他想要求房東降低房租,但是聽說房東是個一絲不苟的人,恐怕很難說動。「我寫了一封信給他。」史特勞伯在訓練班上說:「我告訴他,等租約一到,我就要搬出公寓。實際上,我並不想搬家,只想降低房租,我很願意繼續住下去。但是情況並不樂觀,其他房客試過──都沒有成功。他們告訴我,這位房東極難應付,要特別小心。我對自己說:『我正選修一門處世訓練的課程,正好能夠實習一下,看看效果如何?』

房東收到信後立即來找我。我在門口與他打招呼,並熱誠的問候他。我沒有提到房租的事,只告訴他我喜歡這棟公寓。請相信我,我當時的確在『真誠、慷慨地讚美』他。我繼續恭維他很會管理房子,如果不是付不起房租的話,我絕不會搬走的。

對我這樣能夠稱頌他的房客,他可能還沒有遇過,所以他有一絲感動。後來他告訴我一些困擾,就是房客們的抱怨。有人寫了 14 封信給他,其中有些顯然在侮辱他。還有人要他叫樓上的房客停止打鼾,否則就算違約。『像你這樣的房客,我真的很少見。』他說。我沒有要求,他便主動降低了一些房租。

不僅如此，他還關切地問我：『房子是否有什麼需要修繕的地方？』如果我要求減租的方法與別人一樣，相信獲得的下場也會與他們一樣。這就是友善、同情、讚賞所產生的力量。」

住在賓夕法尼亞州匹茲堡市的狄恩‧伍德科克，是匹茲堡電力的一個部門主管。他的兩個下屬被叫去修理一根電線桿上的某種裝置。以前這類工作是由另一個部門負責的，最近才由伍德科克這個部門負責。雖然這兩個下屬員工曾受過這方面的訓練，卻是第一次實際去做這項工作。公司的每一個人都想看看他們能不能把這件事情做好。伍德科克先生下面的幾個組長以及公司其他部門的一些人，也都去看這兩人工作的情況。

伍德科克看了看四周；只見一個男人拿著照相機走出汽車，拍下了當時的場面。

伍德科克走過去找那位帶照相機的人。

「你好像對我們的作業很感興趣？」

「不錯，不過我母親可能更感興趣。她買了你們公司的股票，這場面可以讓她更清楚地認識你們公司。她看到之後，或許會認為買你公司的股票是不明智的。我這些年一直都對她說你們這種公司存在的浪費太多了，這場面證明我說

人際交往原則

的確實沒錯。或許報紙對這些照片也會感興趣。」

「這看起來確實如此，不是嗎？如果我站在你的立場來看問題，也會有同樣的想法。但這是一次特殊的狀況……」伍德科克向這個解釋，這是他部門的人第一次來執行這類工作，而且公司上下都很關心這件工作的執行情況。他還向那個人保證，通常情況下，只需兩個人就可以做好這項工作。

那個人最後收起了照相機，和伍德科克握手道別，謝謝他花時間向他說明這些。

伍德科克的友善態度，使他的公司免除了許多尷尬和不好的名聲。

新罕布夏州的吉拉德·文恩，講述了他是怎麼樣運用友善的態度，解決了一項損毀賠償的案子。

「今年春季一開始的時候。」他說：「地面尚未解凍，卻出人意料地下了一場大雨。由於雨水不能像平常那樣沿著水溝排洩，只好另尋途徑，朝我則建好的新房子所在地流了過去。

雨水對地基形成了壓力。雨水滲進了房層底層的水泥地板中，使地板出現裂縫，水淹沒了地下室，使地下室裡面的火爐和熱水器損壞。修理這些要花兩千多美元，而我所購買的保險並不包含這一類損壞。

不過，我不久後就發現由於承包商設計上的疏忽，沒有在房子附近修建排水溝。如果有這道排水溝，或許雨水就不會淹了地下室。在前往承包商公司的路上，我全面地思考了這件事情，並且想到了我在卡內基訓練班上所學到的原則，知道光發火肯定不會有什麼作用。於是，當我到達他的辦公室之後，我保持冷靜，先和他談了談他最近去西印度群島度假的情形；然後我在適當的時候，提到了雨水淹沒地下室的這個『小』問題。他很快地同意負責改進。

幾天以後，他打來電話說，他會支付修理損壞設備的費用，並且要建一道排水溝，防止以後再發生同樣的事情。

這件事情雖然是由於承包商的失誤引起的，但是我如果不是從一開始就採取這種友善的態度，而堅持要他承擔全部的責任，那恐怕不會這麼順利的。」

再舉一個例子：這次說的是一位女士──一位社交界的知名人士──長島沙灘花園城的戴爾夫人。

「我最近請了幾位朋友吃午飯。」戴爾夫人說：「對我來說，這可是一個重要的聚會。因此我希望事事順利，賓主盡歡。我的管家艾米平時在這類事情上，是我得力的助手，但是他這次卻讓我很尷尬。午餐搞砸了，根本看不到艾米的人影，他只派了一個侍者來招待我們。但是這個侍者對高級招

人際交往原則

待全不在行；他總是不好好招待我的客人。有一次，他竟然用一個很大的盤子端給一位客人一小塊芹菜，做出來的肉又粗又老，馬鈴薯也油膩膩的。總之，我的感覺很糟，我非常生氣。午餐時，我一直強裝笑臉；但是我不斷地對自己說：『等我見了艾米，一定饒不了他。』

這是星期天發生的事。第二天晚上，我聽了一場關於人際關係的演講。在我聽演講的時候，我覺察到責罵艾米並且是無濟於事的，反而會使他變得不高興而對我懷恨在心，將來再也不願意幫助我了。從他的立場來看這件事，菜不是他買的，也不是他做的，他的手下太笨，他也沒有辦法。或許我平時太嚴厲了，很容易發火。所以我決定不責罵他，而是改用友善的方法與他溝通。我決定先從讚賞來作開場白──這種方法非常見效。隔天，我見到了艾米。他似乎早就有所準備，對我嚴陣以待，預備與我大吵一場。我說：『啊，艾米，我想讓你知道，當我款待客人時，如果你能為我服務，將會對我大有幫助。你可是紐約最好的管家。當然，我完全了解你沒有買那些菜，也沒有煮那些食物。至於當晚發生的事，你是無法控制的！』

於是，陰雲消散了。艾米微笑著說道：『是的，夫人。問題是出在我的助手。那不是我錯。』

所以，我接著說：『我已經安排好了下一次的聚會。

艾米，我需要你的建議。你是否認為我應該再給你一次機會？』

『噢，當然，夫人，一定要這樣。上次那樣的事永遠不會再發生了。』

下星期，我又請了客人吃午餐。艾米和我一起設計好了選單。他主動提出只收取一半的服務費，而我也不再提起他過去的錯誤。

當我和我的客人們到達宴會廳的時候，桌上擺放著兩束鮮豔的美國玫瑰。艾米親自在場照應，他招待得非常殷勤周到，即使是宴請瑪麗皇后，也不過如此。這次午餐的食物醇美無比，服務熱情周到。飯菜由四位侍者服務，而不是一個。宴會快結束時，艾米親自端上了可口的水果作為甜點。

吃完午餐，在我們臨走的時候，我的客人問道：『你對那個管家施了什麼魔法嗎？我可從未見過這樣完美的服務，也從未見過這樣殷勤的招待。』她們說得的確不錯，我已經對他施了友善待人和真誠讚賞的法術。」

《伊索寓言》(*Aesop's Fables*) 裡那則講太陽和風的寓言更是深刻。

一天，太陽與風正在爭論誰比較強勁，風說：「當然是我。你看下面那位穿著外套的老人，我們各施威力，看誰能

人際交往原則

很快就讓他脫掉外套。」

風說著就全力向老人撲過去,希望把老人的外套吹下來。可是它越用力吹,老人把外套裹得越緊。

最後,風放棄了,平靜下來。這時,太陽便從背後走出來,暖洋洋地照在老人身上。沒多久,老人便開始擦汗,而且把外套脫下。太陽因此對風說道:「溫和、友善永遠強過激烈與狂暴。」

在波士頓的一個鎮上發生的事情便證實了這則寓言的真理。這個鎮在歷史上是一個教育及文化中心,證實那則寓言真理的是 B 博士,他是一位醫生,下面就是 B 博士所敘述的故事:

在當時,波士頓的報紙上全都是那些招搖撞騙的江湖郎中的廣告——墮胎專家和庸醫的廣告,他們表面上是為人治病,實際上卻用「你將喪失效能」等恐嚇的詞句來欺騙那些無辜的受害者。他們的治療方法,其實就是使受害者滿懷恐懼,事實上根本不給任何有效的治療。他們造成許多墮胎者死亡,卻很少被判有罪,他們只需支付一點罰金,或利用政治關係就可以脫身。

這種情況實在恐怖了,波士頓善良的民眾群情激憤,奮起反對。傳教的牧師拍案譴責、痛斥報紙,並祈求萬能的上

> 善待他人

帝能夠禁止這種廣告。公共團體、商人、婦女團體、教會、青年團體,全都一致聲討痛斥,但是都無濟於事。在州議會中,也開展了激烈的爭論,希望宣布這種無恥的廣告為非法;但是終因舞弊及政治利益集團的影響而不了了之。

當時B博士是波士頓最大的基督教聯盟公民慈善委員會的主席。他的組織已用盡一切方法,但是都失敗了。這場反對醫學界敗類的鬥爭,好似完全沒有勝利的希望。

接著,有一天晚上,在午夜以後,B博士嘗試了在波士頓顯然沒有任何人試過的辦法。他用的是和善、同情和讚賞。他試圖使報紙自動停止刊登那種廣告。他寫了封信給《波士頓導報》,說他是如何地讚賞這家報紙!他長期以來一直堅持閱讀該報,因為新聞真實、不追求刺激,而且它的社論尤其精彩,是一份極其出色的家庭報紙。B博士聲稱,依他看來,它是新英格蘭地區最好的報紙,也是全美國最好的報紙之一。

「但是,」B博士接著說:「我的一位朋友有個年幼的女兒。他告訴我,說他的女兒有一天晚上為他朗讀了你們報上登的一則廣告,這是一則有關墮胎專家的廣告,並問他那是什麼意思。老實說,他當時非常尷尬。他不知道該怎麼說才好。你們的報紙在所有波士頓有教養的上等家庭都極具影響,如果這事在我朋友的家中發生,是否也會在別人家中發生呢?如果你也

人際交往原則

有一位年幼的女兒,你願意讓她看到這種廣告嗎?假如她真的讀了,並一再向你提問,你又該怎麼向她解釋?

我很遺憾的是,像貴報這樣優秀的報紙 —— 其他各方面幾乎是十全十美 —— 卻刊登這樣的廣告,致使一些父親不得不把報紙藏起來,以免被他們的女兒看到。我想大概還有千百位其他訂戶都與我有同感吧?」

兩天以後,《波士頓導報》回信給 B 博士。

親愛的先生:

您本月 11 日致本報編輯部的來信已經收悉,非常感激,它促使我下定決心實行自我接管本報以來一直想做而未做的一件事。

自下星期一開始,我打算將《波士頓導報》中的一切不良廣告,全都刪除。醫藥片、旋轉液體針筒以及相似的廣告將絕對取消,其他一些暫時不能完全取消的醫藥廣告,也將盡量審慎編輯,絕對不能使它再招致非議。

您來信的善意提醒,使我受益匪淺,再度致謝。並盼繼續不吝賜教。

海洛斯頓首

一個人如果能了解「一滴蜂蜜比一加侖膽汁,能捕到更多的蒼蠅」這個道理,那麼他在日常言行中也會表現出溫和

友善的態度來。馬里蘭州的蓋爾‧康納先生就證明了這句話的真理性。

有一次，康納先生買了一輛新車，可是在4個月之內，這輛車卻進維修廠做了3次維修。他說：「很明顯，和維修廠的經理談話、說理，或指責他，都不能圓滿地解決我的問題。

於是，我進入汽車展銷大廳，要求見他的老闆懷特先生。我稍等了一會兒，就被人領進了懷特先生的辦公室。我先做了一番自我介紹，向他說明我之所以買他公司的汽車，是由於我朋友的推薦。因為他們都買了他公司的汽車，認為價格合理，而且服務也很出色。

懷特先生聽了這些之後，滿意地笑了起來。然後，我又向他說明我的問題。我向他進一步指出：『你一定非常關心那些不利於貴公司聲譽的事情。』他感謝我告訴他這件事，並一再向我保證一定會解決我的問題。後來，他不但親自為我處理好了這件事，而且還在我的汽車送修期間，將他自己的車借我使用。」

希臘奴隸伊索（Aesop），比耶穌（Jesus）早降生600年，他教我們許多有關人性的真理，使人們了解到，現今住在波士頓或伯明翰的人，其實和2,600年前住在雅典的人是

| 人際交往原則 |

一樣的。太陽能比風更快叫老人脫下外套,如今,溫和、友善和讚賞的態度也更能使人改變心意,這是用凶猛或激烈的辦法永遠難以辦到的。

關心他人

關心他人

　　為什麼在結交朋友之前非要讀這本書呢？為什麼不研究有史以來，世界上最偉大的結交朋友者的技巧呢？他是誰？其實你每天走在街上都可能碰到他。當你靠近牠 10 英呎內的時候，牠會開始搖搖尾巴。如果肯逗留片刻，撫摸牠，拍拍牠，牠的心幾乎就會從牠的皮膚裡跳出來，讓你知道牠是多麼的喜歡你。而且你知道牠這種熱情表示背後，並沒有隱祕不明的動機：牠既不會圖謀你的家產，也不會賴著與你結婚。

　　不知你是否想過這個問題：狗是唯一不必為三餐而工作的動物？母雞必須生蛋；奶牛必須產奶；鸚鵡必須唱歌。但是狗只要給你友愛，就有三餐可吃。

　　狗從未讀過有關心理學方面的書，也不需要讀。牠憑直覺就知道，一個人只要對別人有誠意，在兩個月之內，他所得到的朋友，就能比一個想要別人對他感興趣的人，在兩年之內所交的朋友還要多。

　　再重複一遍：你只要對別人有誠意，在兩個月之內，你

人際交往原則

所得到的朋友,就能比一個想要別人對他感興趣的人,在兩年之內所交的朋友還要多。

許多人一生中,都在處心積慮地想讓別人對他們感興趣,當然他們的這種做法是錯誤的。別人是不會對陌生人感興趣的,他們只對自己感興趣——不論在一天的什麼時候。

紐約的一家電話公司,對電話中的談話做了一次調查,想找出哪一個詞在電話中被提到的次數最多。你可能猜到了:這個詞就是第一人稱「我」。在 500 個電話的談話中,這個詞被使用了 3,950 次。

當你觀賞一張你也在內的團體照片時,你最先尋找的肯定是自己。

假若我們一味在別人面前表現自己,強迫別人對我們感興趣的話,我們將永遠不會有真實而誠摯的朋友。真正的朋友,用這種方法是得不到的。

拿破崙(Napoleon)與妻子約瑟芬(Josephine)最後一次見面的時候,用的就是這種方法,他說:「約瑟芬,我是世界上有史以來最幸運的人;但是,在此刻,妳是世界上我唯一能夠依賴的人。」歷史學家認為,他並不是真的依賴她。

已過世的維也納著名心理學家阿爾弗雷德·阿德勒

關心他人

（Alfred Adler）寫過一本書，叫做《人生對你的意識》。他在這本書裡寫道：「對別人不感興趣的人，他一生中的困難最多，對別人的傷害也最大。所有人類的失敗，都出於這種人。」

你可能讀過不少有關心理學的書籍，但是卻沒有發現一句更有意義的話。我不喜歡重複，但是阿德勒的這句話意味太深長了。

柯里爾雜誌的主編曾說，他拿起每天送到他桌上的數十篇小說，只要讀過幾段，就能感覺出作者是否有愛心，他說：「如果作者不喜歡別人，別人就不會喜歡他的小說。」

這位情緒化的主編，在講授小說寫作時曾多次停下來，為他的傳授大道理而致歉。他說：「我現在所告訴你們的，其實和牧師所告訴你們的，是一樣的東西。你需要記住的是，你必須對別人感興趣，如果你要成為一名成功的小說家的話。」

倘若寫小說是如此，那麼，待人處世更應如此。

魔術大師霍華·薩斯頓（Howard Thurston）被公認為魔術師中的魔術師。前後40年，他到達世界各地，一再地創造幻象，迷惑觀眾，使大家萬分傾倒。先後有6,000萬人買票去看過他的表演，而他幾乎賺了200萬美元的利潤。

人際交往原則

薩斯頓成功的祕訣是什麼呢？他的成功跟學校教育沒有絲毫關係，因為他很小的時候就離家出走，成了一名流浪者，搭霸王貨車、睡在穀堆裡、沿街乞討，他是從坐在車中，向外看著鐵道沿線上的標誌才開始識字的。

他所掌握的魔術知識是不是特別深奧莫測？不是的。薩斯頓先生說，關於魔術手法的書已經有好幾百本，而且很多人懂得跟他一樣多。但是他擁有兩樣東西，其他人則沒有：他能在舞臺上把他的個性顯現出來。他是一個表演大師，他了解人類天性，他的所做所為，每一個手勢、每一個語氣、每一次眉毛上揚的動作，都在事先很仔細地預習過，而他的動作也配合得分秒不差。

除此之外，薩斯頓對別人真誠地感興趣。他說，許多魔術師面對觀眾時，都有這樣的想法：「嗯，坐在底下的那些人是一群傻子、一群笨蛋，我可以把他們騙得團團轉。」

但是薩斯頓的方式完全不同。他說，每次一走上臺，他就對自己說：「我很感激，因為這些人來看我表演，他們使我能夠過著一種很舒適的生活。我要把我最精湛的技藝奉獻給他們。」

他每次上臺時，都在心中對自己說：「我愛我的觀眾，我愛我的觀眾。」也許你覺得可笑，也許你覺得荒謬，我只

關心他人

是不予置評地把一位有史以來最著名的魔術大師所採用的祕方告訴你罷了。

舒曼・海恩克夫人曾感慨萬分地說，即使飢餓和傷心，即使生活中充滿著這麼多的悲劇，使她有一度差點殺死她自己和她的孩子 —— 即使有這麼多不幸，她仍然一直唱下去，終於變成有史以來最卓越的華格納歌唱者。而她也坦白地說，她成功的祕訣之一是對別人無限地感興趣。

賓夕法尼亞州的喬治・戴克，因一條高速公路而被迫從他的事業上退休。沒多久，退休的那種無聊日子就使他寂寞難耐，他開始拉他那把舊提琴來打發時間。然後，他又到各地去聽音樂會，和一些技術高超的提琴家們會面。他以虛心和藹的態度，對每位他遇見的提琴家和他們的背景產生了濃厚的興趣。由此以一個默默無聞的音樂愛好者身分交了許多朋友。

不久，他開始參加各式各樣的比賽。很快的，美國東部的鄉村音樂迷就知道「喬治叔叔」這個人了 —— 一位提琴家。當我們聽到喬治叔叔的大名時，他已經 72 歲了，而且仍然享受著他每一分鐘的生命。由於持續對別人所產生的一種興趣，當人人都認為他的時代已經過去時，他卻為自己創造了一個新的生命。

031

人際交往原則

　　而這也是狄奧多・羅斯福（Theodore Roosevelt）異常受歡迎的祕密之一，甚至他的僕人都喜愛他。他的那位黑人男僕詹姆斯・亞默斯寫了一本關於他的書，取名為《狄奧多・羅斯福，他的僕人眼中的英雄》。在那本書中，亞默斯講述了這樣一個引人深思的故事：

　　有一次，我太太問總統關於一隻鶉鳥的事。她從沒有見過鶉鳥，於是他詳細地描述一番。沒多久之後，我們小屋的電話鈴響了。（亞默斯和他太太住在牡蠣灣羅斯福家宅的一棟小屋內。）我太太拿起電話，原來是總統本人。他說，他打電話給她，是要告訴她，她窗外正好有一隻鶉鳥，又說如果她往外看的話，可能看得到。他時常做出像這類的小事。每次他經過我們的小屋，即使他看不到我們，我們也會聽到他輕聲叫出：「安妮！」「詹姆斯！」這是他經過時一種友善的招呼。

　　僕人怎能不喜歡一個像他這樣的主人？國民又怎能不喜歡他？

　　有一天，羅斯福到白宮去拜訪，碰巧威廉・霍華德・塔夫脫（William Howard Taft）總統和他的太太不在。他真誠地對待身分低微者的情形全表現出來了，因為他向所有的白宮舊僕人打招呼，所有人他都叫得出名字來，甚至廚房的小妹也不例外。

亞默斯寫道：「當他見到廚房的婦人亞麗絲時，就問她是否還烘製玉米麵包，亞麗絲回答他，她有時會為僕人烘製一些，但是樓上的人都不吃。」

「他們的口味太差了。」羅斯福有些不平地說：「等我見到總統的時候，我會這樣告訴他。」

亞麗絲端出一塊玉米麵包給他，他一面走到辦公室去，一面吃，同時在經過園丁和工人的身旁時跟他們打招呼。

他對待每一個人，就與他以前一樣。他們仍然彼此低語討論這件事，而艾克胡佛眼中含著淚說：「這是將近兩年來，我們唯一有過的快樂日子，我們中的任何人都不願意把這個日子跟一張百元大鈔交換。」

還有一件同樣的事，一個似乎一點都不重要的人，卻幫了紐澤西州強森公司的業務代表愛德華‧西凱的忙，使得他重新獲得了一位代理商。他回憶說：「許多年前，在麻薩諸塞地區，我為強森公司拜訪了一位客戶。這個經銷商是賣藥品的雜貨店老闆。每次到店裡去，我總是先和賣冷飲的店員講幾分鐘的話，然後再跟店主談訂單的事。有一天，我正要跟一位店主講話，但是他要我別煩他，他不想再買強森的產品了。因為他覺得強森公司都把活動集中在食品和折扣商店上，而對他們這種小雜貨店造成了傷害。我夾著尾巴跑了，

> 人際交往原則

然後到城裡逛了幾小時。後來,我決定再回去,至少要跟他解釋一下我們的立場。

在我回去時,我和平常一樣跟賣冷飲的店員都打了招呼。當我走向店主時,他向我笑了笑並歡迎我進去。之後,他又給了我比平常多兩倍的訂單,我很驚訝地望著他,問他我剛走的幾小時中發生了什麼事。他指著在冷飲機旁邊的那個年輕人說,我走了之後,這個年輕人說:『很少有業務員像這樣,到店裡來還會費事地跟其他人打招呼。』他跟店主說,假如有人值得與他做生意的話,那就是我了。他覺得也對,於是就繼續做我的主顧。我永遠都不會忘記,真心地對別人產生點興趣,會是業務員最重要的品格──對任何人都是一樣,至少以這件事來說是如此。」

一個人對別人真誠地感興趣的話,就可以從即使是極忙碌的人那裡得到善意的合作。

幾年前,布洛克林文理學院學習小說寫作的學生希望邀請凱薩琳‧諾理斯、凡妮‧何斯特、伊達‧塔貝爾、亞伯‧特胡、魯柏‧休斯以及其他著名而忙碌的作家們,到布洛克林來,把他們的寫作經驗傳授給學生們。因此學生們寫信給他們,說異常欽佩他們的作品,深切希望能得到他們的忠告以及獲知他們成功的祕訣。

關心他人

　　每封信都由大約 150 名的學生親筆簽名。學生們在信上寫道：「我們知道你們很忙，可能沒有時間準備演講稿，因此，我們附上一串關於你們自己和寫作方法的問題，請你們回答。」這些人很喜歡學生們的做法。誰會不喜歡呢？因此，他們從家裡趕到布洛克林來助學生們一臂之力。

　　以同樣的方法，卡內基又使羅斯福任內的財政部長萊斯利‧M‧肖（L. M. Shaw）、塔夫脫總統任內的首席檢察官喬治‧威克爾山、威廉‧拜倫、富蘭克林‧羅斯福（Franklin Roosevelt）以及許多其他的大人物到卡內基訓練班來，跟學生們講課。

　　假若我們想真心交朋友的話，我們就應該為別人做一些力所能及的事 —— 做那些花時間、精力、誠心和思考的事。當溫莎公爵還是威爾斯親王的時候，他排好日程，要到南美旅行一趟，而在啟程之前，為了到當地後能用該地的語言發表演講，他花了好幾個月的時間學習西班牙語。

　　如果我們要交朋友，就要以高興和熱誠去迎接別人。當別人打電話給你時，就利用同樣的心理學 —— 說話的聲音，要顯出足夠的熱情和高興。紐約電話公司開了一門課，訓練他們的接線生在說「請問你要撥幾號」的時候，口氣顯出「早安，我很高興為你服務」的意思來。我們接電話的時候，千萬別忽略了這點。

人際交往原則

對別人顯示你的興趣,不但可以讓你交到許多朋友,更可以增強你的公司在客戶心中的信任程度。在紐約,一家北美國家銀行出版的刊物中,刊登出一位存戶梅德蘭・羅絲黛的信。

「我真摯地感謝貴行的職員。他們每一個人都是如此的有禮、熱心。在排了一長列的隊之後,有位職員親切地跟你打招呼,真是令人感到愉快。去年我母親住院5個月,貴行的一位職員瑪依・派翠西蘿非常關心我母親的病情,還多次問了她的健康狀況。」

羅絲黛是否會繼續和這家銀行往來,實在是不用懷疑了。

紐約一家大銀行的職員查爾斯・華特爾,奉命寫一篇有關某公司的機密報告。他知道某一個人擁有他非常需要的資料。於是,華特爾先生去見那個人,那人是一家大工業公司的董事長。當華特爾先生走進董事長辦公室時,一個年輕的婦女正告訴董事長,她今天沒有什麼郵票能給他。

「我12歲的兒子是個集郵迷。」董事長對華特爾解釋說。

華特爾先生說明他的來意,開始提出問題。董事長卻閃爍其辭,不想把心裡的話說出來。華特爾費盡口舌,都沒取得預想的結果。這次見面的時間很短,也沒有成效。

「坦白說,我當時不知道該怎麼辦。」華特爾先生說:

關心他人

「接著,我想起他的祕書對他說的話 —— 郵票、12歲的兒子⋯⋯我也想起我們銀行的國外部門蒐集郵票的事 —— 從來自世界各地的信件上取下來的郵票。

第二天早上,我帶上些珍稀郵票再去找他,傳話進去,我有一些郵票要送給他的孩子。我是否很熱誠地被帶進去了呢?是的,即使他要競選國會議員,跟我握手也不可能如此熱忱了。他滿臉帶著笑意,非常客氣地說:『我的喬治將會喜歡這張,還有這張!這是一張無價之寶。』

我們花了大量的時間談論郵票,看他兒子的一張張照片,然後他又花了一個多小時,把我所想要知道的資料全都告訴我 —— 我甚至都沒提議他那麼做。不僅如此,他還叫他的下屬進來,問他們一些問題,然後又打電話給他的一些同行,把一些事實、數字、報告和信件,全都告訴我。用一位新聞記者的話來說,我收穫頗豐。」

再看另一個例子:

費拉德爾菲亞的克納弗,一直試著要把自己的煤推銷給一家大的連鎖公司。但是該連鎖公司一直從另一個鎮上買煤,每天經過克納弗的辦公室而不進去。有一天,克納弗先生在卡內基訓練班上發表一段話,把連鎖公司罵得體無完膚,說它們是美國的一個毒瘤。

人際交往原則

　　訓練班老師建議他採取不同的技巧。我們採取的方法是：在班上分組辯論，題目是「連鎖公司分布各處，對國家害多於益」。

　　我們建議克納弗站在否定的一邊，他答應為連鎖商店辯護，於是就跑到他痛恨的那家連鎖公司，去會見一位高級職員。他說自己不是來這裡推銷煤的，而是來找他幫忙的。他接著把辯論的事告訴他，說：「因為我想不出來還有誰比你更能提供我所需要的資料。我非常想贏得這場辯論；你的任何幫忙，我都會非常感激。」

　　後來，克納弗先生的故事以喜劇形式結束。

　　「我開始請他給我一分鐘的時間。就是因為這個條件，他才答應接見我的。當我說明來意之後，他請我坐下來，我們不知不覺就談了 1 小時又 47 分鐘。此後他叫一位曾寫過一本有關連鎖商店書的高級職員進來暢談，末了意猶未盡，他又寫信給全國連鎖組織公會，為我要了一份有關這方面的辯論檔案。他覺得連鎖商店對人類是一種真正的服務，他為自己所從事的事業而感到驕傲。他說話的時候，眼睛閃閃發光。我必須承認，他使我看到了一些我以前連做夢都不會看到的事，他改變了我整個的想法。

　　結束談話，他送我到門口，用他的手臂環繞著我的肩

勝，祝我辯論得勝，他還要求我把辯論的結果告訴他。最後他對我說：『請在春末的時候再來找我。我想下一年度開始買你的煤。』

太出人意料了，我一句話也沒提出來，他居然主動要買我的煤。我在兩小時中，因為對他和他的問題深深地感興趣，比 10 年中，我想要使他對我和我的煤感興趣所得到的收穫還要多。」

克納弗先生並沒有發現另一項新的真理。好久以前，在耶穌出生的 100 年前，一位著名的老羅馬詩人賀拉斯（Horace）就曾經說過：「我們對別人感興趣，也正是別人開始對我們感興趣的時候。」

要表示你的關切，必須像做其他事一樣，要有誠摯的情感，這不僅使得付出關切的人有些成果，接收這種關切的人也是一樣。它是使付出、接受關切者雙方都受益的靈丹妙方。

紐約長島的馬汀·金斯柏曾提到，一位護士給他的關切深深地影響了他的一生：

「那天是感恩節，我只有 10 歲，正因社會福利制度而住在一家市立醫院，預定明天就要動一次大型手術。我知道以後幾個月都是一些限制和痛苦了。我父親已去世，我和我媽

> 人際交往原則

媽住在一個小公寓裡，靠社會福利金維持生活。那天我媽媽剛好不能來看我。

那天，我完全被寂寞、失望、恐懼的感覺所壓倒。我知道媽媽正在家裡為我擔心，而且是孤零零的一個人，沒人陪她吃飯，甚至沒錢吃一頓感恩節晚餐。

眼淚在我的眼眶裡打轉，我把頭埋進了枕頭下面，暗自啜泣，但是全身都因痛苦而顫抖著。

一位年輕的實習護士聽到我的哭聲走過來，她把枕頭從我頭上拿開，拭去了我的眼淚。她跟我說，她非常寂寞，因為她必須在這天工作而無法跟家人在一起。她又問我願不願和她共進晚餐，她拿了兩盤東西進來：有火雞片、馬鈴薯泥、草莓醬，還有冰淇淋當甜點。她跟我聊天，並試著撫平我的恐懼。雖然她本應4點就下班的，但是她一直陪我到將近11點才走。她一直跟我玩、聊天，等到我睡了才離開。

10歲以前，我過了許多的感恩節，但是這個感恩節永遠不會消失，我還記得那沮喪、恐懼、孤寂的感覺，一個陌生人的溫情突然使那些變得若有若無了。」

如果你要別人喜歡你，或是培養真正的友情，或是既要幫助別人又是幫助自己，就對別人表現出誠摯的關切。

牢記他人姓名

1898 年冬天，紐約的洛克蘭郡發生了一場悲劇。有個小孩死了，鄰居們正準備去參加葬禮。吉姆·法利走到馬房，去拉他的馬。當時，天氣寒冷，地上積雪，空氣凜冽。那匹馬已經被關在馬棚好幾天了，當牠被拉到水槽旁的時候，馬掀蹄嘶鳴，不幸的是，猝不及防的吉姆·法利被踢死了。因此，那個星期在這個小鎮上接連死去了兩個人。

吉姆·法利留下了一個寡婦和 3 個孩子，以及幾百塊錢的保險金。他最大的兒子小吉姆·法利（James Farley），當時只有 10 歲，為了幫助家裡，只好到一家磚場去運沙。他把沙倒入磚模後，再把磚轉換方向，在太陽下晒乾。因為工作，小吉姆一直沒有機會接受多少教育。但是他有一種使別人喜歡他的才華，因此他順利地走上仕途。隨著閱歷的不斷增加，他培養了一種記住別人姓名的超人本領。

小吉姆從來沒有受過什麼正規教育，但是，在他 46 歲之前，已有 4 所大專院校授予他榮譽學位，他還成為美國郵政總局長。

人際交往原則

小吉姆成功的祕訣是什麼呢？他說是「努力工作」的報酬。

但是他並沒有說出實質性的東西，他可以叫出 5 萬人的名字——這或許是他成功的最大祕訣。

不要小看這項能力，小吉姆憑藉它幫助富蘭克林·羅斯福進入了白宮。

小吉姆·法利的這套本領是在為一家石膏公司到處推銷產品的那幾年，以及在他身為鎮上一名公務員的那幾年間，逐漸學會的。

學會這套本領並不複雜，每次他新認識一個人，就問清楚他的全名、他家的人口、他所從事的職業以及他的政治觀點。他把這些資料全部記在腦海裡。再次碰到那個人時，即使是在一年以後，他還是有辦法拍拍對方的肩膀，詢問他的太太和孩子以及他家後面的那些蜀葵。這套本領使他贏得了無數人的擁戴。

在羅斯福競選總統的活動展開之前的幾個月，小吉姆每天都寫好幾百封信，寄給西部和北部各州的人。然後他以火車、汽車、輕舟和馬車代步，在短短的 19 天內，足跡踏遍了 20 個州，行程 12,000 里。他每到一個地方，就跟他所認識的人一起吃午餐或早餐，喝茶或吃晚飯，跟他們做一番

> 牢記他人姓名

「肺腑之言的談話」。然後,又匆匆趕往下一站。

他回到東部後,又寫信給每一個他到過的市鎮,索取一份所有和他談過話的人的名單。然後,他把這些名單整理出來,就有了數以萬計的名字了。這些人先後都收到了一封小吉姆的私函。那些信都以「親愛的比爾」或「親愛的佐伊」做開頭,結尾總是簽上「吉姆」。

小吉姆很早就發現了一個有趣的現象,即每個人對自己的名字都十分感興趣。記住人家的名字,並且很輕易就叫出來,等於給予別人一個巧妙而有效的讚美。若是把人家的名字忘掉,或寫錯了 —— 你就會處於一種無比尷尬的境地。

比如說,卡內基有一次在巴黎開了一門公開演講的課程,發出複印的信件,給所有住在該地的美國人。那些法國打字員顯然不太熟悉英文,自然在打名字的時候,很多都打錯了。後來,巴黎一家大的美國銀行的經理希德非常生氣,他親自寫一封信更正。

有時候,要記住一些不太好唸的名字還真不容易,一般人都不願意去記它,心裡想著叫簡單的小名算了。希德・李維拜訪了一個名字非常難唸的顧客。他叫尼古德瑪斯・帕帕都拉斯。別人都只叫他「尼克」。李維說:「在我拜訪他之前,我特別用心的唸了幾遍他的名字。當我用全名稱呼他

043

人際交往原則

『早安，尼古德瑪斯・帕帕都拉斯先生』時，他非常激動，竟有幾分鐘都沒說話，最後，眼淚滾下他的雙頰。他握住我的手說，他在這個國家生活了15年，我是第一個用全名稱呼他的人。」

安德魯・卡內基（Andrew Carnegie）成功的祕訣是什麼呢？

他是聞名的鋼鐵大王，但是他自己對鋼鐵的製造卻知之甚少。可以這樣說，他手下的每一個人，都比他更了解鋼鐵製造方面的知識。

他的卓越之處就是知道如何待人處世，這就是他發大財的原因。還在很小的時候，他就表現出組織才華和領導的天賦。10歲那年，他發現人們對自己的姓名看得驚人的重要。他利用這項發現，贏得別人的合作。舉例說明：他孩提時代生活在蘇格蘭。有一次，他抓到一隻兔子，那是一隻母兔，很快又發現了一整窩的小兔子。但是沒有東西餵牠們，於是他想了一個辦法。他對附近的那些孩子們說，如果他們找到足夠的苜蓿和蒲公英，能夠餵飽那些兔子，他就以他們的名字來為那些兔子命名。於是，那些孩子們十分積極地為小兔子們準備食物。

這個經驗使卡內基終生難忘。

若干年之後，他在商業界同樣利用這種人性的弱點，賺

牢記他人姓名

了好幾百萬元。例如，他希望把鋼鐵軌道賣給賓夕法尼亞鐵路公司，而艾格‧湯姆森正擔任該公司的董事長。因此，卡內基在匹茲堡建立了一座巨大的鋼鐵工廠，取名為「艾格‧湯姆森鋼鐵工廠」。

卡內基用姓名的奧妙之處和其他鋼鐵工廠鬥智。當賓夕法尼亞鐵路公司需要鐵軌的時候，你猜艾格‧湯姆森會去誰那買？他當然會買以自己名字命名的工廠的產品。

卡內基在做臥車生意時，他的競爭對手是喬治‧普爾曼（George Pullman），這時，這位鋼鐵大王又想起了那個兔子的故事。

卡內基控制的中央交通公司，正在跟普爾曼所控制的那家公司爭生意。雙方都拚命想得到聯合太平洋鐵路公司的生意，明爭暗奪、大殺其價，以致毫無利潤可言。卡內基和普爾曼都到紐約去見聯合太平洋的董事會。這天晚上，兩人在聖尼可斯飯店碰頭了，卡內基說：「晚安，普爾曼先生，我們何必要和自己過不去？」

「什麼意思？」普爾曼瞪大了眼睛。

卡內基說出了自己的打算──把他們兩家公司合併起來。他把合作而不互相競爭的好處說得天花亂墜。普爾曼專注地傾聽著，但是他並沒有立即接受。最後他問：「這個新

> 人際交往原則

公司叫什麼名字呢？」卡內基立即說：「當然是普爾曼皇宮臥車公司。」

普爾曼的目光一亮。他把卡內基請到他的房間，進行了詳細的討論。這次討論為美國的工業史增添了輝煌的一筆。

卡內基這種記住以及重視朋友和商業人士名字的方式，是他領導才能的祕密之一。不僅如此，他還能叫出公司裡無數員工的名字。他曾驕傲地說，在他親任主管的時候，他的鋼鐵廠從未發生過罷工事件。

德克薩斯州商業股份有限公司董事長班頓拉夫認為，公司越大，人們之間的感情就會越冷漠。他認為唯一能夠使公司變得溫暖一些的辦法，就是記住人們的名字。

加利福尼亞州的凱倫・柯希，是一位環球航空公司的空服員。她經常練習記住她機艙裡旅客的名字，並在為他們服務時稱呼他們。這使得她備受讚許；有直接告訴她的，也有跟公司說的。有位旅客曾寫信給航空公司說：「我好久沒有搭環球航空的飛機了，但是從現在起，一定要環球航空的飛機我才搭。你們讓我覺得你們的航空公司是專屬化的，而這對我有很重要的意義。」

音樂大師彼德魯斯旅行美國，在各地熱烈的聽眾前表演。每一次，他都占著一節私人車廂，在音樂會之後，大廚

牢記他人姓名

就會替他準備好餐點。在那些歲月中，彼德魯斯從來不曾以美國的傳統方式稱呼他為「喬治」。彼德魯斯總是以他那古老的正式方式，稱呼他「考柏先生」，使考柏先生很高興。

大家這樣重視自己的名字，甚至想不惜以任何代價使他們的名字永垂不朽。就是盛氣凌人、脾氣暴躁的R‧T‧巴南，也曾因為沒有子嗣繼承巴南這個姓氏而感到失望，以至於如果他的外孫C‧H‧西雷願意稱自己為「C‧H‧巴南」的話，他情願給他 25,000 美金。

幾百年以來，貴族和企業家都資助著藝術家、音樂家和作家，以求他們的作品能夠為他們樹碑立傳。

圖書館和博物館最有價值的收藏品，都來自於那些想使自己的名字永載史冊的人。紐約公共圖書館擁有亞斯都家族和李諾克斯家族的藏書。大都會博物館永遠儲存著班吉明‧亞特曼和J‧P‧摩根（J. P. Morgan）的簽名。幾乎每一座教堂都裝上了彩色玻璃窗以紀念捐贈者。

很多人記不住別人的名字，那是因為他們不肯花必要的時間和精力去專心地、重複地、無聲地把這些名字耕植在他們的心中。他們往往為自己找藉口說，自己太忙了。

也許他們真的很忙，忘了這件事，但是他們根本不會比富蘭克林‧羅斯福更忙，他花時間去記憶，而又說得出每個

人際交往原則

人的名字，即使是他只見過一次的汽車機械師。

克萊斯勒公司曾為羅斯福先生特製了一部汽車。張伯倫和一位機械匠把車子送到白宮。張伯倫記敘了這樣一個事件：「我教羅斯福總統如何駕駛一部附帶許多不尋常零件的車子；他卻教了我很多有關如何對待別人的藝術。」

張伯倫寫道：「當我被召至白宮的時候，總統非常地和氣愉悅。他直呼我的名字，我非常高興。我印象最深的是，他對我告訴他的那些東西異常地感興趣。那部汽車經過特殊的設計，是可以用手來操作的。很多人圍在車子的四周參觀，羅斯福總統說：『我認為這部車子設計得真是太棒了。你只要按一個鈕，它就可以毫不費力開出去，真不簡單 —— 我不知道它是怎麼會動的。我真希望有時間把它拆下來，看看它是怎麼工作的。』

當羅斯福的朋友和助理在讚賞那部車子的時候，總統卻在讚賞我的工作，他說：『張伯倫先生，我真感激你為建造這部汽車所花的時間和精力。造得太棒了。』他讚賞冷卻器、特殊的後鏡、特殊的前燈、專用椅套、開車者位置的座姿，以及車廂裡帶有他姓名縮寫字母的行李箱。總之，他注意到每一個我花過不少心思的細節。然後，他還特別把各項零件指給羅斯福太太、柏金斯小姐、勞工部長以及他的祕書們看。他最後還把那名年老的司機叫進來，說：『喬治，你

048

牢記他人姓名

別忘了照顧這些行李箱。』

駕駛課程結束後，總統抱歉地對我說：『嗯，張伯倫先生，我已經讓聯邦儲備委員會等待 30 分鐘了，我想我該回辦公室了。』

進白宮時，我帶了一名機械師。我們抵達時，他就被介紹給羅斯福。他並沒有和總統說過話，而羅斯福只聽到他的名字一次。機械師是一個靦腆的人，他一直躲在角落裡。但是，在離開我們之前，總統找到了機械師，握住他的手，叫著他的名字說：『謝謝你到華府來！』他的感謝非常真摯，我可以感覺出來。

回到紐約之後，我收到一張羅斯福總統的簽名照片以及一小段謝辭，再度謝謝我的幫忙。他在萬忙之中還注意這些細節，使我萬分感動。」

富蘭克林・羅斯福運用的一個最單純、最明顯、最重要的贏得好感的方法，就是記住別人的姓名，使別人覺得重要──但是我們有多少人這麼做呢？

當我們被介紹給一個陌生人，聊上幾分鐘，說再見的時候，我們能夠記住別人名字的人恐怕不多。

作為政治家所要學習的第一課是：「記住選民的名字就是政治才能，記不住就是心不在焉。」

> 人際交往原則

記住他人的姓名，在商業界和社交上的重要性，幾乎跟在政治上是等同的。

拿破崙的姪子——法國皇帝拿破崙三世（Napoleon III）曾不無自豪地說，即使他日理萬機，仍然能夠記住每一個他所認識的人。

他的方法並不複雜。如果他沒有清楚地聽到對方的名字，就說：「抱歉。我沒有聽清楚。」如果碰到一個不尋常的名字，他就說：「怎麼寫？」

在談話時，他會把那個名字反覆地說幾遍，而且一邊說，一邊在心中把它跟那個人的特徵、表情和容貌聯想在一起。

如果對方的身分比較重要，拿破崙就一直等到他旁邊沒有人時，把那個人的名字寫在一張紙上，仔細看看，聚精會神地深深耕植在自己的頭腦裡，然後把那張紙撕掉。透過說與寫，他對那個名字就有了深刻的印象，想忘都忘不掉了。

這一切都需要時間，但是拉爾夫・沃爾多・愛默生（Ralph Waldo Emerson）說：「好禮貌是要耗費一些精力才能做到的。」

如果你要別人喜歡你，請記住一個人的姓名。對一個人來說，他的名字是任何語言中最甜密、最重要的聲音。

傾聽與交流

每一個前往牡蠣灣拜訪羅斯福總統的人,都會對他那淵博的知識感到驚訝。研究羅斯福的權威作家伯萊特福寫道:「不論是牧童還是騎士,或紐約的政客和外交家,羅斯福都知道該和他說些什麼。」

那麼,羅斯福又是如何做的呢?答案很簡單——不論羅斯福要見什麼人,他總是會在來訪者到來的前一天晚些入睡,翻閱一些來訪者會特別感興趣的知識。

因為羅斯福和所有領袖人物一樣,深知通達對方內心思想的妙方,就是和對方談論他感興趣的事情。

紐約銀行業鉅子杜威諾說過:「我透過研究有關人際關係的叢書後知道,要想激發某個人的熱忱,必須改變策略,首先發掘出這個的興趣愛好才行。」

前耶魯大學教授,和藹的費爾普早年就有過這種教訓。

「我8歲那年,有一個週末,我去拜望我的姑母,並在她家度假。」費爾普在他的一篇關於人性的文章中寫道:「有一天晚上,一個中年人來訪,他與姑母寒暄之後,便將注意

人際交往原則

力集中在我身上。當時，我正巧對船很感興趣。在與他的交談中，我了解到了許多關於船的趣事奇聞。所以在他走後，我向姑母熱烈地稱讚他，說他是一個多麼好的人、對船是多麼感興趣！而我的姑母告訴我說，他是的紐約一位律師，其實他對有關船的知識毫無興趣。但是他為什麼始終與我談論船的事情呢？

姑母告訴我，因為他是一位高尚的人。他見你對船感興趣，所以就談論能讓你喜歡並感到愉悅的事情，同時也使他自己為人所歡迎。」

費爾普說：「我牢牢記住了我姑母的話，永遠不會忘記。」

下面來看看童子軍中的活躍人物查利夫是如何運用這個方法的：

「有一天，我覺得我需要有人幫忙，歐洲將舉行童子軍大露營，我要請美國一家大公司的經理資助我的一位童子軍的旅費。幸好在我去見這人以前，我聽說他曾開了一張100萬美元的支票，而這張支票退回之後，他把它置於鏡框之中。

所以我走進他辦公室所做的第一件事，就是談論那張支票。我告訴他，我從未聽說過有人開過這樣的一張支票，我

要告訴我的童子軍。我的確看見了那張百萬美元的支票了。他很欣喜地向我出示那張支票。我表示羨慕他，並請他告訴我其中的經過情形。」

查利夫先在開始並沒有提到童子軍、歐洲的露營，或他所要做的事，他談論的都是對方所感興趣的事情。那麼，結果怎樣呢？

「稍過片刻，我正在訪問的人說道：『我順便問你，你要見我有什麼事？』於是我告訴了他。

使我非常驚奇的是，他不但即刻應許了我的請求，並且比我要求得還多。我只請他資助一位童子軍赴歐洲，他竟資助了5位童子軍，另加上我，並讓我們在歐洲住幾星期。他又替我寫了介紹信，介紹給他分公司的經理，讓他們幫忙。他自己又親自在巴黎接我們，引導我們遊覽城市。自此以後，他提供一些工作給那些家境貧苦的童子軍，並且現在仍在我們的團體中活躍地工作。

說實話，我很清楚，如果當時我不曾找出他所感興趣的事，使他先高興起來，那麼一定很不容易接近他！」

事實上，這種投其所好的方法在商界也很適用。杜佛諾也是受益者之一。

杜佛諾公司是紐約一家麵包公司。杜佛諾想方設法將公

人際交往原則

司的麵包賣給紐約一家旅館。4年以來，他每星期去拜訪一次這家旅館的經理，參加這位經理所舉行的交際活動，甚至在這家旅館中開了房間住在那裡，以期得到自己的買賣，但是他還是失敗了。

杜佛諾說：「後來，我加強了人際關係方面的研究，我決定換一種方式。我先要找出這個人最感興趣的是什麼——什麼事情能引起他的熱心。

後來我了解到，他是美國旅館招待員協會的會員，而且他也熱心於成為該會的會長，甚至還想成為國際招待員協會的會長。不論在什麼地方舉行大會，再遠、再難他也要去參加。

在第二天我見他的時候，我就開始談論關於招待員協會的事。結果我得到了非常好的反應！他對我講了半小時關於招待員協會的事，他的聲調充滿熱情地震動著。我可以清楚地意識到，這的確是他很感興趣的業餘愛好。在我離開他的辦公室以前，他勸我也加入該會。

這次談話，我根本沒有提到任何有關麵包的事情。但是幾天以後，他旅館中的一位負責人打電話給我，要我帶上貨樣及價目單過去。

『我不知道你對那位老先生做了些什麼事。』這位負責人

招呼我說：『但他真的被你搔到癢處了！』

　　試想，我幾經周折想接近他，與他交易，最後要不是我動腦筋去想、去找他所感興趣的東西，恐怕再過4年，我的目的也難以達到。」

人際交往原則

讚美他人

邁哈德應邀到白宮度週末。他偶然走進總統的私人辦公室，聽見卡爾文・柯立芝（Calvin Coolidge）總統對他的一位祕書說：「你今天早上穿的這件衣服很漂亮，你真是一位迷人的年輕小姐。」

沉默寡言的柯立芝一生當中很少稱讚人，這可能是他對一位祕書的最佳讚賞了。這來得太不尋常，太令人意外了，因此那位女孩子滿臉通紅，不知所措。接著，總統又說：「現在，不要太高興了。我這麼說，只是為了讓你覺得舒服一點。從現在起，我希望你對標點符號能稍加小心一些。」

作為一個國家的領導人，日理萬機，能對一個祕書如此和顏悅色，表現了其心理策略的極端高明。

通常，在聽到別人對我們的某些長處讚揚之後，再去聽一些比較令人不痛快的事，總是好受得多。就好像理髮師在刮臉前，先在客人臉上塗上肥皂泡沫一樣。

威廉・麥金利（William McKinley）在 1896 年競選總統時，一位重要人士寫了一篇競選演說，並認為寫得比任何人

讚美他人

都高明。於是,這位仁兄把他那篇不朽的演說大聲地唸給麥金利聽。那篇演說有一些很不錯的觀點,但是有些觀點也可能引起政敵的攻擊,說不定還會惹起一陣批評狂潮。麥金利不願抹殺這人的無比熱誠,惹他傷心,然而他卻又必須說「不」。

麥金利說:「我的朋友,這是一篇精彩有力的演說稿,沒有人能寫得比你更好。在許多場合中,這些話說得完全正確;但是在目前這種特殊場合中,有些說法是否合適呢?從你的觀點來看,這篇演說稿十分有力而切題,但是我必須從黨的觀點來考慮它所帶來的影響。我希望你能根據我的感受寫一篇演說稿,並且送我一份副本。」

那人照辦了。麥金利替他改稿,並幫他重寫了第二篇演說稿;他後來終於成為競選活動中最有力的一名演說者。

下面這一封信是林肯總統寫的,也是他全部信件當中第二著名的。(他最著名的一封信是寫給比斯比夫人,為她的5個兒子都在戰爭中喪生而表示難過)。林肯也許只用了5分鐘就把這封信寫成了,然而它在1926年的一次公開拍賣中,卻以12,000美元的高價賣出。順便一提,這筆數目比林肯辛苦工作五十多年的積蓄還要多。

這封信是在1863年4月26日南北戰爭中最黯淡的歲月

057

人際交往原則

中寫成的。一連 18 個月，林肯的將領們帶領北軍一次又一次的悲劇性潰退。無益、愚蠢的人類屠殺使全國震驚，數千名士兵從軍中逃亡，甚至共和黨的參議員也起而叛亂，希望逼迫林肯離開白宮。

「我們現在處於崩潰的邊緣。」林肯說：「對我來說，似乎連萬能的主也跟我們過不去。我看不到一絲希望。」就是在這種黑暗的憂慮及暴亂中，林肯寫了這一封信。

這封信充分體現了林肯如何嘗試改變一位胡鬧的將軍。當時國家的命運可能就繫在這位將軍的行動上。

以下就是他寫給約瑟夫·胡克（Joseph Hooker）少將的信：

「當然，我已任命你為波托馬克的陸軍首長。我之所以這麼做，對於我來說，有很充足的理由。不過，我認為最好還是讓你知道，在有些事情上，我對你相當不滿意。

我相信你是一名勇敢而兵法嫻熟的軍人，因此，我十分欣賞你。我同時相信你不會把政治和你的職業混為一談，你這樣做是對的。你非常自信，如果這不是一種不可或缺的個性，也一定是極有價值的美德。

在適當的範圍之內有野心，好處多於害處。但是我認為，在伯恩塞將軍指揮軍隊期間，你曾經表現出你的野心，

而且盡可能地反對他。你那麼做，對國家和一位功勞最大的友軍榮譽軍官來說，是極大的錯誤。

我曾聽說——由於言之確鑿使我不得不相信，你最近曾經說，軍隊和政府兩者都需要一位獨裁者。當然，並不是因為這個我才賦予你指揮權，而是由於我不加理會。

只有那些有成就的將領，才可以被稱為獨裁者。我現在所要求你的是軍事上的勝利，我甘冒獨裁的危險。

政府將盡一切力量支持你，政府在過去和將來對所有的指揮官都是如此支持。我非常反感你以前帶到軍中來的那些精神：批評長官、不信任長官，現在可能就會報應到你頭上了。我將幫助你，盡我一切的力量將批評的烈火撲滅。

當這種精神盛行於軍隊中的時候，不管是你或拿破崙——如果他又再一次復活的話，都無法指揮軍隊。現在你要注意，不可輕率從事。注意，不可輕率，但是要以充沛的精力和不眠不休的警覺精神向前推進，帶給我們勝利。」

這封信隱含著一種非常嚴肅的譴責，但是字面上卻依然委婉誠懇、娓娓動聽。那位將軍捧讀此信，怎能不衷心感動而甘願效忠呢？這就是林肯的過人之處。

這也許是林肯當選總統之後，親筆所寫的一封最嚴厲的信。不過，你可能注意到，他先讚揚了胡克將軍，然後才提到他的嚴重過失。

| 人際交往原則 |

　　是的，那些過失是很嚴重的。但林肯卻不那樣說出來。林肯比較保守和圓滑。林肯寫道：「在有些事情上，我對你相當不滿意。」多麼機智的說法！多麼避重就輕！

　　有人可能不以為然，因為你不是柯立芝、麥金利或林肯。你希望知道，這種哲學在你日常的生意來往上是否也能奏效，是嗎？讓我們來看看。我們以費城華克公司的高先生為例。高先生是一位普通市民。他講述了下面這則故事。

　　高先生所在的華克公司承包了一項建築工程，預定於一個特定日期之前，在費城建立一幢龐大的辦公大廈。一切都照原定計畫進行得很順利。在大廈接近完成階段時，突然，負責供應大廈內部裝飾的銅器承包商宣稱，他無法如期交貨。

　　銅器材是內部裝飾的重要材料，銅器材不能到位，將嚴重影響工程進度。工程不能按期完工，會導致一系列的嚴重後果及經濟損失。長途電話、爭執、不愉快的會談，全都沒效果。於是高先生奉命前往紐約。

　　「你知道嗎？在布魯克林區，只有你一個人姓這個姓氏。」高先生走進那家公司董事長的辦公室之後，並沒有先談正事。

　　董事長很吃驚：「是嗎？我並不清楚。」

讚美他人

高先生說：「是的。今天早上，我下了火車之後，就查閱電話簿找你的地址，在布魯克林的電話簿上，有你這個姓的，只有你一人。」

「這個我還真沒有注意到。」董事長說。他很有興趣地查閱電話簿。「嗯，這是一個很不平常的姓，」他驕傲地說：「我們家族從荷蘭移居紐約，幾乎有200年了。」一連好幾分鐘，他都在說他的家族及祖先。

當他說完之後，高先生就恭維他擁有一家很大的工廠，高先生說他以前也拜訪過許多同性質的工廠，但是規模和效益都比這家差遠了。「我從未見過這麼乾淨整潔的銅器工廠。」高先生恭維道。

「這是我傾盡畢生精力才建立的事業。」董事長說：「我為它感到驕傲。你願不願意到工廠各處去參觀一下？」

高先生在參觀活動中，高度稱讚他的組織制度健全，並告訴董事長為什麼他的工廠看起來比其他的競爭者高級，以及好在什麼地方。高先生還對一些不尋常的機器表示讚賞。董事長高興地說，這臺機器是他發明的。他還花了不少時間，向高先生說明那些機器如何操作，以及它們的工作效率多麼良好。參觀結束後，他堅持請高先生吃午飯。到這時為止，高先生還一句沒提到此次訪問的真正目的。

061

人際交往原則

吃完午飯後，董事長說：「現在，我們談談正事吧。當然，我知道你這次來的目的。我沒有想到我們的相處竟是如此愉快。你可以帶著我的保證回到費城去，我保證你們所有的材料都將如期運到，雖然因此可能會影響到我的其他生意。」

高先生甚至未開口要求，就得到了他想要的所有的東西。那些器材及時趕到，大廈就在契約期限屆滿的那一天完工了。

在這種情況下，如果高先生使用大多數人所使用的那種大吵大鬧的方法，就很難達到預期的結果。

紐澤西州一個聯邦信用合作社的分行經理陶樂賽・魯布盧斯基又是如何幫助她的行員提高生產力的呢？

「最近，我們僱傭了一位小姐當實習出納。她與顧客間的關係非常好。她在處理個別案件時，非常正確而且有效率。但是那天結帳時，問題發生了。

出納組長來找我，強烈地要求解僱她：『她把每一個人的工作都耽擱了，因為她結帳實在太慢。我不知道教了她幾遍，她就是不會，她一定得離職。』

隔天，我看到她迅速快捷地處理了每一件日常的交易案件，而且跟顧客相處得很愉快。但是過了一會兒，我就發

現,她在結帳時確實出了問題。

　　下班之後,我過去跟她談了一會兒。她顯得非常緊張不安。我誇讚她對顧客的友善和親切,還有她工作時的速度和正確。然後,我建議我們一起複習一下平衡現金的過程。她了解到我對她有信心,於是輕鬆地循著我的建議,很快就熟悉了這個作業方式。從此以後,就什麼問題也沒出現了。」

　　用讚揚的方式開始,就好像牙醫用麻醉劑一樣,病人雖然仍要受鑽牙之刑,但是痛苦卻在麻醉的過程中消失了。

> 人際交往原則

尊重他人說話權利

不知你是否對於自己突然萌發的觀點,比別人用銀盤子盛著交到你手上的那些思想更有信心?如果是這樣的話,那麼,如果你要把自己的意見像一隻死蒼蠅一樣硬塞入別人的喉嚨裡,那一定會令人討厭的。提出建議,然後讓別人自己去想出結論,那樣才是明智的作法。

汽車展示中心的業務經理阿道夫‧賽茲發現公司的業務員辦事沒有精神、態度散漫,心中暗暗著急。於是他召開了一次業務會議,鼓勵下屬說出他們對公司的期望。他把大家的意見寫在黑板上,然後說道:「我會盡量滿足大家的願望。現在,我也讓你們知道我對你們的期望。」緊接著他提出了自己的要求:忠誠、進取、樂觀、團隊精神、每天8小時熱心地工作等。會議結束的時候,大家都覺得精神百倍,幹勁十足,有個業務員甚至自願每天工作14小時。在那次業務會議之後,公司的業務蒸蒸日上。

「這些人跟我做了一次道德交易。」賽茲先生說:「只要我實踐自己的諾言,他們自會實踐他們的諾言。我徵詢他們

的願望和期待，這個做法正好滿足了他們的需要。」

上門推銷或強迫別人購買你的東西，往往以失敗告終。我們都喜歡按照自己的意願購買東西，或照自己的意思行動，我們喜歡別人徵詢我們的願望、需求和意見。

威森先生是一個服裝設計師，他專門將自己的最新設計賣給生產商或其他設計師。3年來，他每星期或每隔一星期，都去拜訪紐約一位最著名的服裝設計師。「他從沒有拒絕見我，但是也從沒有買過我所設計的東西。」威森說道：「他每次都仔細地看過我帶去的草圖，然後說：『對不起，威森先生，我們今天又做不成生意啦！』」

經過150次的失敗，威森體會到自己一定過於墨守成規，所以決定研究一下人際關係的有關法則，以幫助自己獲得一些新的觀念，找到新的力量。

後來，他採用了一種新的處理方式。他把幾張沒有完成的草圖挾在腋下，然後跑去見設計師。「我想請你幫點小忙。」威森說道：「這裡有幾張尚未完成的草圖，我想向你請教一下，如何使它更完善、更能符合你們的需要？」

設計師一言不發地看了一下草圖，然後說：「把這些草圖留在這裡，過幾天再來找我。」

過了幾天，威森先生去找設計師。設計師熱情地接待了

人際交往原則

他,並告訴他設計方案。後來威森說道:「我一直希望他買我提供的東西,這是不對的。後來我要他提供意見,他就成了設計人。我並沒有把東西推銷給他,是他自己買了。」

當狄奧多‧羅斯福當紐約州州長的時候,他完成了一項很不尋常的功績。他一方面和政治領袖們保持很良好的關係,另一方面又強迫施行一些令他們十分不高興的改革。

當某一個重要職位空缺時,他就邀請所有的政治領袖推薦接任人選。羅斯福說:「剛開始,他們也許會提議一個很差勁的人選,就是那種需要『照顧』的人。我就告訴他們,任命這樣一個人恐怕人心難服,國會也通不過。

他們提出的第二個人選雖然沒有劣跡,但是他只求一切平安,少有建樹。我告訴他們,這個人無法達到大眾的期望,我希望找一個有進取精神、能為民眾服務的,適合這職位的人選。

他們第三次建議的人選,雖然也不錯,但還是沒達到我的理想。接著,我請求他們再試一次,而他們第四次所推舉的人,就是我自己也會挑選的最佳人選了。我對他們的協助表示感激,接著就任命那個人 —— 我還把這項任命的功勞歸之於他們,我告訴他們,我這樣做是為了能使他們感到高興,但是最後最高興的還是我,因為他們達到了我的願望。

尊重他人說話權利

他們像支持『文職法案』和『特別稅法案』這類全面性的改革方案一樣來支持我,使我特別欣慰。」

現在我們已經領教了羅斯福的做法,他是盡可能地向其他人請教,並尊重他們的忠告。當羅斯福任命一個重要人選時,他讓那些政治領袖們覺得,他們選出了適當的人選,而且完全是他們自己的主意。

長島一位汽車商人利用同樣的技巧,把一輛二手貨汽車成功地賣給了一位蘇格蘭人。之前,這位商人帶著那位蘇格蘭人看過一輛又一輛的車子,但是總達不到那個人的願望。他一會兒抱怨這不適合、那不好用,一會兒又抱怨說價格太高。在這種情況下,這位商人似乎一點辦法都沒有了。

後來,商人的一位朋友建議他停止向那位蘇格蘭人推銷,而讓他自動購買。也就是說,不必告訴蘇格蘭人怎麼做,而應該掏出他心裡的想法,讓他覺得出主意的人是他。

汽車商人聽從了這個建議。幾天之後,當有位顧客希望把他的舊車子換一輛新車子時,這位商人就開始嘗試這個新的方法。他知道,這輛舊車子對蘇格蘭人可能很有吸引力。

於是,他打電話給那位蘇格蘭人,請他過來幫個忙,提供一點建議。

蘇格蘭人來了之後,汽車商充分運用了語言藝術,他

人際交往原則

說：「你是個很精明的買主，你懂得車子的價值。能不能請你看看這部車子，試試它的效能，然後告訴我這輛車子值多少錢，應該出價多少才合算？」

蘇格蘭人的臉上泛起一個大笑容。終於有人來向他請教了，他的虛榮心得到了極大的滿足。他把車子開上皇后大道，開得很遠後再開回來。

他春風滿面地從車上下來後說：「如果你能以300美元買下這部車子，那你就買對了。」

「如果我能以這個價錢把它買下，你是否願意買它？」這位商人問道。

「我？當然願意！」這筆生意立刻成交了。

這種辦法不僅可以運用於商場和政壇上，也同樣可以運用於家庭生活之中。奧克拉荷馬州的保羅·戴維斯講述過這樣一件事情：

「不久前，我們全家享受了一次最有意思的觀光旅行。我以前早就夢想著要去看看諸如蓋茨堡的內戰戰場、費城的獨立廳等歷史古蹟以及美國的首都。福吉谷、詹姆斯臺以及威廉斯堡保留下來的殖民時代的村莊，也是我夢寐一遊的地方。

我夫人南茜在3月分也提到了一個夏天度假計畫，她想去的地方包括遊覽西部各州，以及看看新墨西哥州、亞利桑

尊重他人說話權利

那州、加利福尼亞州以及內華達州的觀光勝地。她說她早就想去這些地方旅遊。但是很明顯的，我們不能既照我的想法，又照她的計畫去旅行。

我們的女兒安妮剛剛在國中讀完了美國歷史，對於形成美國成長的各種事件都極感興趣。我問她想不想和我們一起去看看她在課本上讀到的那些地方，她說她非常想。

我問她是想去看獨立廳和內戰戰場呢，還是去遊西部各州，女兒說她想先看課本剛剛學完的東西。我說你媽媽的旅遊計畫和我們不一樣，怎麼辦？女兒說她去說服媽媽。女兒是我們的掌上明珠，我知道她一出馬，南茜準會改變主意。

兩天以後，我們一起圍坐在餐桌旁。南茜宣布說，如果我們大家都同意，在夏天度假的時候將去東部各州。她還說這趟旅行不但對安妮很有意義，對大家來說，也是一件令人興奮的事。女兒得意地看著我，而我略施小計就達到了自己的目的，心中更是高興。」

發生在喬治醫師身上的一個例子也正好說明了這一點。

喬治醫師在紐約布魯克林區的一家大醫院工作。醫院需要新添一套 X 光設備。許多廠商聽到這個消息，紛紛前來介紹自己的產品，負責 X 光設備購買的喬治醫師因而不勝其擾。

人際交往原則

但是，有一家製造廠商則採用了一種很高明的技巧。他們寫來一封信，內容如下：

「我們工廠最近完成一套 X 光設備，前不久才運到公司來。由於這套設備並非盡善盡美，為了能進一步改良，我們非常誠懇地請你前來撥冗指教。為了不耽誤你寶貴的時間，請隨時與我們聯繫，我們會安排車子去接你。」

「接到信真使我感到驚訝。」喬治醫師說道：「以前從沒有廠商詢問過他人的意見，所以這封信讓我感覺到了自己的重要性。那個星期，我每晚都忙得很，但還是取消了一個約會，騰出時間去看了看那套設備，最後我發現，我愈研究就愈喜歡那套機器了。沒有人向我兜售，而是我自己向醫院建議買下那整套設備的。」

愛默生在他的散文〈自己靠自己〉一文中說：「在天才的每一項創作和發明之中，我們都看到了我們過去摒棄的想法；而當這些想法再呈現在我們面前的時候，就顯得相當的偉大。」

在威爾遜總統執政的期間，愛德華・豪斯（Edward House）上校在國內及國際事務上具有極大的影響力。威爾遜對豪斯上校的祕密諮詢及意見的依賴程度，大大超過對自己內閣的依賴。

尊重他人說話權利

　　豪斯上校利用什麼方法來影響總統呢？我們很幸運地從亞瑟・D・何登・史密斯發表在《星期五晚郵》上的一篇文章中，了解了豪斯上校的做法。

　　豪斯說：「影響總統的最佳辦法，就是把這件新觀念很自然地植入他的腦海中，使他產生興趣──使他自己經常想到它。第一次，這種方法奏效，純粹是一項意外。有一次我到白宮拜訪他，催促他執行一項政策，而他顯然並不贊成這項政策。但是幾天以後，在餐桌上，我驚訝地聽見他把我的建議當作他自己的意見講出來。」

　　豪斯雖然有點驚訝、有點不滿，但是他並沒有揭穿總統，他不會那麼做，他太老練了。他不願追求榮譽，他只要成果。所以他讓威爾遜總統繼續認為那是他自己的想法。豪斯甚至更進一步，他使威爾遜總統獲得這些建議的公開榮譽。

　　我們生活在俗世中，我們明天所要接觸的人，可能很多都像威爾遜那樣具有人性的弱點，因此，且讓我們使用豪斯的技巧吧。

人際交往原則

親近人際的祕訣

> 親近人際的祕訣

勇於認錯

　　戴爾‧卡內基住在紐約市,從他家中步行不到一分鐘,就可到達一片森林。這塊沒有被破壞的林地是座森林公園——它的確是一片森林,也許跟哥倫布(Columbus)發現美洲那天下午所看到的沒有什麼不同。當春天的時候,樹叢裡的野花白茫茫一片,松鼠在林間築巢育子,高過馬頭的青草鬱鬱蔥蔥。他常常帶著他的波士頓鬥牛犬雷斯——這是一隻友善而不傷人的小獵狗——到公園裡散步,因為很少人會去公園,他常常不替雷斯繫狗鏈或戴嘴套。

　　有一天,卡內基帶著雷斯開始例行的散步活動。不巧的是,在公園遇見一位騎馬的警察,他有點迫不及待地想要表現出他的權威,因此他威嚴地說:「你為什麼讓你的狗跑來跑去,不為牠繫上鏈子或戴上嘴套,難道你不曉得這是違法的嗎?」

　　「是的,我曉得。」卡內基輕柔地回答:「不過我的狗從不咬人。」

　　「你說不咬,牠就不咬了嗎?牠要是在這裡咬死松鼠,

或咬傷小孩。你負得起責任嗎？這次我不追究，但是假如下回讓我看到這隻狗在公園裡沒有繫上鏈子或套上嘴套的話，你就必須跟法官解釋啦。」

卡內基的確遵守了——而且遵守了好幾次，可是雷斯不喜歡戴嘴套，因此他們決定碰碰運氣。事情很順利，但是接著他們就遇上了麻煩。那天下午，雷斯和卡內基正跑上一座小山丘。突然間——很不幸——他看到那位警察騎在一匹紅棕色的馬上。雷斯跑在前頭，直向那位警察衝去。

卡內基知道這次肯定麻煩了，於是他決定不等警察開口就先發制人。他說：「警官先生，這下你當場逮到我了。我有罪，我沒有託辭，沒有藉口了。你上星期警告過我，若是再帶小狗出來而不替牠戴嘴套，你就要罰我。」

「好說，好說。」沒想到警察回答的聲調很柔和，「我曉得在沒有人的時候，誰都忍不住要帶這麼一條小狗出來遛達。」

「的確是忍不住。」卡內基回答：「但這是違法的。」

「不過這麼小的狗大概不會傷人吧？」警察反而為他開脫。

「是的。但是牠可能會咬死松鼠。」卡內基說。

「既然如此。」他告訴戴爾：「念你是初犯，我就原諒你，

親近人際的祕訣

你只要讓牠跑過小山丘，到我看不到的地方，事情就算過去了。」

和平常人一樣，那位警察也希望得到一種自重感。因此，當卡內基請求處罰的時候，他的自尊心得到極大的滿足，最後就以寬容的態度表現出了他的慈悲。

卡內基不和他正面交鋒，他承認他是正確的，而自己絕對錯了；卡內基爽快地、坦白地、熱誠地承認這點。因為卡內基站在他的立場上說話，他反而為卡內基說話，整個事情就在和諧的氣氛下結束了。

如果我們知道免不了會遭受責備，何不搶先一步，自己先認罪呢？聽自己譴責自己，不比被人家的譴責好受得多嗎？

假若你遇到這種情況，就首先自己承認錯誤，那麼十之八九會得到諒解，就像那位寬容的警察對待卡內基和雷斯那樣。

商業藝術家費丁南·華倫曾使用這個技巧，贏得了一位暴躁易怒的藝術品顧主的好印象。下面就是華倫先生講的一個小故事：

「繪製商業廣告和出版品最基本的要求就是要精確，要一絲不苟。有些術編輯性格急躁，往往要求立刻完成他們所

勇於認錯

交下來的任務,在這種情形下,難免會出現一些小錯誤。而且有些藝術組長還喜歡從雞蛋裡挑骨頭。我每次離開他們的辦公室時,心裡總是不大舒服,不是因為他的指責,而是因為他攻擊我的方法。

最近我交給一位藝術組長一件萬分火急的稿子,他打電話給我,要我立刻到他辦公室去。他說出了問題。當我到辦公室之後,正如我所料——麻煩來了。他滿懷敵意,似乎很高興有了挑剔我的機會。他惡意地責備我一大堆問題——這正好是我運用所學自我責備的機會。因此我說:『你指責得非常正確,我的失誤太大了。我為你做了這麼多年的稿,實在不該出這樣的錯誤。我覺得慚愧。』

我的沉痛表情改變了他的態度,他反而為我辯護起來:『是的,你的話並沒有錯,不過畢竟這不是一個嚴重的錯誤。只是……』

我說:『你不必為我說話。任何錯誤,代價可能都很大,都叫人不舒服。』

他又想插嘴,但是我不給他機會。有生以來我第一次責備自己——我的感覺非常好。

『我不應該那麼粗心。』我繼續說:『你提供給我的工作機會很多,照理我應該使你滿意,因此我打算重新再來。』

親近人際的祕訣

　　『好了！好了！』他臉上有了笑意，『不用那麼麻煩了。』他開始讚揚我的作品，告訴我他只需要稍微修改一下就行了，又說一點小錯不會花公司多少錢；畢竟，這只是小節——不值得擔心。

　　我再一次嚴厲地責備自己，使他怒氣全消。結果他邀我共進午餐，離開之前他開給我一張支票，又交代我另一件工作。」

　　一個人有勇氣承認自己的錯誤，其實也可以得到某種滿足感。因為承認自己的錯誤，不僅可以清除罪惡感和產生自我辯護的氣氛，而且有助於解決這項錯誤所製造的問題。

　　新墨西哥州的布魯士・哈威，在發薪水時，漏扣了一位員工的病假薪資。當他發現這處錯誤後，立即通知那位員工將在下次發薪時扣除。這位員工說這樣做會帶給他嚴重的財務問題，因此請求分期扣回他多領的薪水，但是這樣哈威必須先獲得他上司的核準。

　　「我知道這樣做，一定會使老闆大為不滿。在我考慮如何以更好的方式來處理這種狀況的時候，我發覺，只有徹底承認自己的錯誤，才能挽回影響。

　　我走進老闆的辦公室，告訴他我犯了一個錯誤，然後把整個情形告訴了他。他大發脾氣地說這應該是人事部門的錯

勇於認錯

誤,但我重複地說這是我的錯誤。他又大聲地指責會計部門的疏忽,我又解釋說這是我的錯誤。他又責怪辦公室另外兩個同事,但是我一再地說這是我的錯誤。最後見我態度誠懇,只好說:『既然如此,下不為例。現在把這個問題解決掉吧。』這次失誤就這樣過去了,沒有帶給任何人麻煩。我覺得我很不錯,因為我解決了一個束手無策的問題,並且有勇氣不去尋找藉口。自此以後,老闆更加信任我了。」

保護自己,為自己的錯誤辯護,是人的天性。但是能承認自己錯誤的人,都會獲得別人的諒解,並給予人謙恭而高尚的印象。在卡內基課程任教的麥克‧莊說,中華文化所帶來的一些特別的問題,在某些時候應用某一項原則,可能比遵守一項古老的傳統更為有益。他班上有一位中年同學,多年來他的兒子都不理他。原因是這位做父親的以前是個菸鬼,但是現在已經戒掉了菸癮。

根據傳統,年長的人向晚輩承認錯誤是一件很丟臉的事。他認為他們父子要和好,必須由他的兒子主動。在這個課程剛開始的時候,他和班上同學談到他從來沒有見過的孫子,以及他是如何地渴望和他的兒子團聚。他的同學都是華人,了解他的欲望和傳統之間的衝突。這位父親覺得年輕人應該尊敬長者,而且他改掉了壞習慣,所以他的兒子應該向他低頭。

親近人際的祕訣

　　但是這個課程快結束的時候,這位透過學習長了見識的父親卻改變了看法。「我仔細考慮了這個問題。」他說:「戴爾‧卡內基說:『如果你錯了,你就應該馬上並且明白地承認你的錯誤。』我現在去承認錯誤雖然已經太晚了,但是總能表明我的誠意。我錯怪了我的兒子,他不來看我,以及把我趕出他生活之外,是完全正確的。我去請求年幼的人原諒我,固然使我很沒面子,但是犯錯的是我,我有責任承認錯誤。」

　　全班同學都為他的省悟鼓掌,並且完全支持他。在下一堂課中,他滿面笑容地講述了他怎麼到他兒子家裡請求原諒,並且怎麼開始和他的兒子、媳婦以及終於見到面的孫子建立起新的關係。

　　在美國的歷史上,對南北戰爭時的領導者羅伯特‧李(Robert E. Lee)將軍有一筆極美好的記載,就是他把畢克德將軍進攻蓋茨堡的失敗全部歸咎在自己身上。

　　畢克德的那次進攻,無疑是西方世界史上一場最顯赫、最輝煌的戰鬥。畢克德本身就很輝煌。他長髮披肩,並且跟拿破崙在義大利戰場上一樣,差不多每天都在戰場上寫情書。

　　在那悲劇性的七月午後,當他的軍帽斜戴在右耳上方,

勇於認錯

輕盈地放馬衝刺北軍時，他那群效忠的部隊不禁為他喝采起來。他們喝采著，跟隨他向前衝刺。隊伍密集，軍旗翻飛，軍刀閃耀，陣容威武、驍勇、壯大，連北軍都為這支勇敢出色的隊伍喝采。

畢克德的隊伍輕鬆地向前衝鋒，穿過果園和玉米田，踏過草地，翻過山丘。同時，北軍大砲一直沒有停止向他們轟擊。但是他們繼續挺進，毫不退縮。

忽然，北軍步兵從隱伏的山脊後面衝了出來，對著畢克德那毫無防備的軍隊一陣又一陣射擊。山間硝煙四起，慘烈猶如屠場，一排排的人猶如割倒的麥穗整齊地躺倒在地上。幾分鐘之內，畢克德麾下所有的旅長除一人之外，全體陣亡，5,000 士兵折損 4,000 人。畢克德統率其餘部隊拚死衝刺，奔上石牆，把軍帽頂在指揮刀上揮舞，高喊：「弟兄們，宰了他們！」

他們做到了。他們跳過石牆，用槍把、刺刀拚死肉搏，最終把南軍軍旗豎立在墓地山脊北方軍的陣地上。

軍旗只在那兒飄揚了一會兒，即使那只是短暫的一會兒，卻是南軍戰功的輝煌紀錄。畢克德的衝刺——勇猛、光榮，但是卻是結束的開始。李將軍失敗了。他沒辦法突破北方，而他也明白這點。

081

親近人際的祕訣

南方失敗的命運早就注定了。

李將軍震驚不已，異常沉痛的他將辭呈送交南方聯盟政府的傑佛遜·戴維斯（Jefferson Davis）總統，請求改派「一個更年輕有為之士」來統率部隊。假如李將軍要將畢克德的進攻所造成的慘敗歸咎於任何人的話，他能夠找出數十個藉口：有些師長失職、騎兵到得太晚不能接應步兵、這也不對、那也錯了……

但是李將軍太高尚了，他不願意責怪別人。當殘兵從前線退回南方戰線時，李將軍親自出迎，自我譴責起來。「這是我的過失。」他承認說：「我，因為我一個人，打輸了這場戰鬥。」

歷史上很少有將軍有如此的勇氣和情操，勇於自己承擔戰爭失敗的責任。

艾柏·赫巴是一位獨具風格的作家。他那尖酸的諷刺文字常常鬧得滿城風雨。但是赫巴那少見的待人處世技巧，常常將他的敵人變成朋友。

曾經有一位憤怒的讀者寫信給他，表示對他的某些文章不以為然，結尾又痛罵他一頓時，赫巴卻不慍不怒地這樣回覆：

回想起來，我也不盡然同意自己。我昨天所寫的東西，

勇於認錯

今天不見得全部滿意。我很高興知道你對這件事的看法。下次你在附近時,歡迎駕臨,我們可以交換意見。遙祝誠意。

赫巴謹上

面對這樣一個虛心誠懇的人,你就是有滿腔的仇恨,又能怎麼樣呢?

當我們的意見正確時,我們要試著溫和地、巧妙地使對方同意我們的看法;而當我們錯了 —— 不要迴避,更不要強詞奪理 —— 而是迅速而熱誠地承認。這種技巧不但能產生驚人的效果;而且,信不信由你,任何情形下,都要比為自己爭辯要有利得多。

請記住一句古語:「用爭鬥的方法,你絕不會得到滿意的結果。但是用讓步的方法,收穫會比預期的高出許多。」

親近人際的祕訣

勿逞口舌之快

　　二戰剛剛結束後的一天晚上，卡內基因逞口舌之能，學習到了一個道理。當時卡內基在倫敦擔任羅斯・史密斯爵士的私人經紀人。大戰期間，勝利締結和平後不久，史密斯先生以 30 天之內飛半個世界的壯舉震驚了全世界。沒有人完成過種功業，他造成很大的轟動。澳洲政府頒發 5,000 美元給他，英皇授予他爵位。有一陣子，他是聯合王國裡被談論最多的人，他被人們推崇為大英帝國的查爾斯・林白（Charles Lindbergh）。

　　有一天晚上，卡內基先生參加一個專門宴請史密斯爵士的聚會。宴席中，坐在卡內基右邊的一位先生講了一段幽默故事，並引用了一句話，意思是「謀事在人，成事在天」。

　　那位健談的先生提到，他所徵引的那句話出自《聖經》（Bible）。卡內基發現他說錯了，這是毫無疑問的。為了表現自己，卡內基糾正了他。他立刻反唇相譏：「什麼？出自《聖經》？不可能！絕對不可能！那句話出自莎士比亞（Shakespeare），這是不會錯的。」

勿逞口舌之快

那位先生坐在右邊，卡內基的老朋友法蘭克‧加蒙在他左邊。他研究莎士比亞的著作已有多年，於是兩位爭論者都同意向他請教。加蒙聽了，在桌下踢了卡內基一下，然後說：「你錯了，這位先生是對的。這句話出自於《聖經》。」

宴會結束後，卡內基質問加蒙說：「法蘭克，你明明知道那句話出自莎士比亞。」

法蘭克‧加蒙點頭說：「是的，當然，出自《哈姆雷特》(Hamlet) 第五幕第二場。可是，我們是宴會上的客人。為什麼要證明他錯了？那樣會使他喜歡你嗎？為什麼不保留他的顏面？他並沒問你的意見啊。他不需要你的意見。我們應該避免跟人家發生正面衝突。」

「永遠避免跟人家正面衝突。」說這句話的人雖已經過世了，但是卡內基得到的這個教誨卻永遠難忘。

這是帶給卡內基最大教訓的一次事件，因為他歷來就愛爭論。小時候，他和他哥哥為天底下的任何事物而爭論；進入大學，他又選修邏輯學和辯論術，也經常參加辯論比賽。

這一切的結果，使他得到一個結論，天底下只有一種能在爭論中獲勝的方式，就是避免爭論，要像避免響尾蛇和地震那樣避免爭論。

爭論的結果，十之八九會使雙方比以前更相信自己是絕

親近人際的祕訣

對正確的。為什麼？如果你的勝利，使對方的論點被攻擊得千瘡百孔，證明他一無是處，那又怎麼樣？你會覺得洋洋自得。但是他呢？你使他自慚，你傷了他的自尊，他會怨恨你的勝利。而「一個人即使口服，但心裡並不服」。

潘恩人壽保險公司立下了一項嚴格的紀律：「不要爭論。」

真正的推銷精髓不是爭論，哪怕是不露聲色的辯論。人的思想是不會因為爭論而改變的。

多年前，有位很衝動的愛爾蘭人，名叫歐哈瑞。他受的教育不多，但是卻很愛爭論。他做過人家的汽車司機，後來因為推銷卡車並不成功而來求助於卡內基。他問了幾個簡單的問題，立刻就發現，他的癥結在於愛跟顧客爭辯。如果對方挑剔他的車子，他立刻會漲紅臉大聲強辯。歐哈瑞那時候在口頭上贏了不少辯論，但是在業務上沒有一點進展，他後來說：「我老是走出人家的辦公室說，我總算整了那笨蛋一次，我的確整了他一次，可是我什麼都沒有賣給他。」

找出了問題的所在，接下來要做的是，訓練他如何自制，避免口角。

歐哈瑞現在是紐約懷德汽車公司的明星業務員。他怎麼成功的？請聽聽他的講述：「如果我現在走進顧客的辦公室，

勿逞口舌之快

而對方說：『什麼？懷德卡車？不好！你送給我我都不要，我要的是何賽的卡車。』我會不慍不怒地說：『老兄，何賽的貨色的確不錯，買他們的卡車絕對錯不了。何賽的車是優良公司的產品，業務員也非常優秀。』等我順著他的話說完，他就無話可說了，沒有爭論的餘地。他總不能在我同意他的看法後，還說一下午的『何賽的車子最好』。接著我們不再談何賽，我就開始介紹懷德的優點。

當年若是聽到他那種話，我早就氣得與他當面爭論了。我一旦開始挑何賽的缺點，結果只能是：我愈批評別的車子不好，對方就愈說它好；愈辯論，對方就愈不會買我介紹的產品。

現在回憶起來，真不知道過去是怎麼做推銷工作的。我一生花了不少時間在爭論上。我現在慎思慎言了。果然有效。」

正如睿智的班傑明．富蘭克林（Benjamin Franklin）所說：「假若你有爭論、反駁的愛好，也許偶爾能獲勝；但那是空洞的勝利，因為你永遠得不到對方的好感。」

對此，你應該權衡一下，你寧願要那種字面上的、表面上的勝利呢，還是要別人對你的好感？

你在爭論中可能有理，但是要想改變別人的主意，你就

087

親近人際的祕訣

錯了,你會使你所做的一切都徒勞。

美國威爾遜總統任內的財政部長威廉・麥肯羅,以多年政治生涯獲得的經驗,總結了一句話:「靠辯論不可能使無知的人服氣。」

麥肯羅說得太保留了。不論對方聰明才智如何,任何人都不可能靠辯論改變他人的想法。

衍生是一家公司的所得稅顧問,他為一筆9,000美元的呆帳,跟一位政府的稅務稽核爭論了一個小時,衍生解釋這9,000美元事實上是應收帳款中不可能收回來的錢,所以不該徵收所得稅。那位稽核反駁道:「是你說了算,還是國家法律說了算?」

「那位稽核非常冷酷、傲慢,而且頑固。」衍生說:「任何理由和辯解他都不聽。我們愈爭執,他愈頑固,所以我決定不再與他理論,開始改變話題捧他幾句。

我說:『比起其他要你處理的重要而困難的事情,我這其實是一件不足掛齒的小事。我雖然也是研究稅務問題的,但那是書上的死知識。你的知識全是來自實踐經驗。有時我真想有份像你這樣的工作,那樣我就會學到更多的東西了。』我說得很認真,很誠懇。

聽了我這一席話,稽核員在椅子上伸直身子,花很多時

勿逞口舌之快

間開始談論他的工作，告訴我他發現過許多稅務上的鬼花樣。他的口氣慢慢地友好起來，接著又談起他的孩子。臨別的時候，他說回去後再考慮一下我的問題，過幾天會通知我結果。

3天後，我接到他的通知，我那筆呆帳的所得稅不徵了。」

這位稅務稽核表現了人性最常見的弱點。他要的是一種重要人物的感覺。衍生愈和他爭論，他愈要高聲強調職務上的權威。但是一旦對方承認了他的權威，爭執自然偃旗息鼓。有了擴張自我的機會，他就變成一位富於寬容和有同情心的人了。

康斯丹是拿破崙的家務總管，他在《拿破崙私生活拾遺》中，寫到拿破崙和約瑟芬打桌球時曾說：「雖然我的技術不錯，但我總是讓她贏，這樣她就非常高興。」

偉人之所以成為偉人，都有他獨特的處世技巧。我們可以從拿破崙那兒學到顛撲不破的真理：讓我們的顧客、情人、丈夫、太太，在瑣碎的爭論上贏我們。

釋迦牟尼說：「恨不消恨，唯愛能止。」強激爭辯絕不可能消弭誤會，若能靠技巧、協調、寬容以及用同情的眼光看別人的觀點，問題就能發生根本的改變。

> 親近人際的祕訣

有一次，林肯責備一位和同事發生激烈爭吵的年輕軍官：「任何心有所成就的人，絕不肯在私人爭執上耗費時間。爭執的後果不是他所能承擔得起的，而後果包括發脾氣、失去自制。要在跟別人擁有相等權利的事物上多讓一些步；而那些顯然是你對的事情就讓步少一點。與其跟狗爭道，被牠咬一口，倒不如讓牠先走。爭強好勝，就算宰了牠，也會留給你終身的傷痛。」

有本書裡有一篇如何應付不同意見的文章，頗有見地，現摘錄如下：

第一，歡迎不同的意見。

請記住：「當兩個夥伴意見總是不同的時候，就只能選擇其中一個。」如果有些地方你沒有想到，而有人提出來的話，你就應該衷心感謝。不同的意見是你避免重大錯誤的良師益友。

第二，不要相信你的直覺。

當有人提出不同意見的時候，也許你第一個自然的反應就是自衛。但是要慎重，要保持平靜，要控制你的直覺反應。這可能是你最差勁的地方，你應努力克服改正。

第三，控制你的脾氣。

我們可以根據一個人在什麼情況下會發脾氣的情形，測

定這個人的度量究竟有多大。

第四,先聽為上。

反對者有說話的機會,讓他們把話說完。不要抗拒、防護或爭辯。否則的話,只會增加彼此溝通的障礙。努力建立了解的橋梁,不要再加深誤解。

第五,求同存異。

在聽完了反對者的話以後,首先去想你同意的意見。

第六,要誠實。

承認錯誤,並且老實地說出來,為你的錯誤道歉。這樣可以有助於解除反對者的武裝和減少他們的防衛。

第七,同意反對者的意見。

同意出於真心。你的反對者提意見可能是對的。在這時,同意與考慮他們的意見是比較明智的做法。如果等到反對者對你說:「我們早就要告訴你了,可是你就是不聽。」那你就難堪了。

第八,真誠地感謝反對者。

每一位願意花時間表達不同意見的人,必然和你一樣對同一件事情很關心。把他們當作要幫助你的人,或許就可以把你的反對者轉變為你的朋友。

| 親近人際的祕訣 |

第九，延緩採取行動，讓雙方都有時間把問題考慮清楚。

建議延緩舉行會議，周密地考慮所有事實。在準備舉行下一次會議的時候，要問問自己：「反對者的意見，可不可能是對的？還是有部分是對的？他們的立場或理由是不是有道理？我的反應到底是減輕問題，還是在僅僅減輕一些挫折感而已？我的反應會使我的反對者遠離我還是親近我？我的反應會不會提高別人對我的評價？我將會勝利還是失敗？如果我勝利了，我將要付出什麼樣的代價？如果我不說話，不同的意見就會消失了嗎？這個難題會不會是我的一次機會？」

歌劇男高音歌唱家傑恩・皮爾士以自己結婚 50 年的經歷，告訴人們在對付不同意見的做法：「我太太和我在很久以前就訂下了協議，不論我們對對方如何的憤怒不滿，我們都一直遵守著這項協議。這項協議是：當一個人大吼的時候，另一個人就應該靜聽 —— 因為當兩個都大吼的時候，就沒有溝通可言了，有的只是噪音和激憤。」

適度恭維

在日常生活中，為什麼有些人在人際交往上會屢屢失敗呢？究其原因，就是因為他們不懂得，或者忘記了一個重要原則——讓他人感到自己重要。他們喜歡自我表現，喜歡誇大吹噓自己，而且只要獲得一項成果，他們首先表現出的就是自己有多大的功勞，做出了多大貢獻。其實也就是向他人表明，你們確實不太重要。無形之中，他們傷害了別人，當然也為自己樹立了敵人。

卡內基曾在自己的書中記述了這樣一件事：

「有一次，我在紐約第三十二街和第八道交叉口處的郵局裡排隊等候寄一封掛號信。那位櫃檯後面的營業員顯然對工作感到不耐煩——秤重、拿郵票、找零錢、寫收據——年復一年都是同樣單調的工作。所以我對自己說：『我要讓那位辦事員喜歡我。而要讓他喜歡，我顯然必須說些好話——不是關於我自己，而是有關他的。』

我又自問：『他又有什麼值得讓我稱讚一番的呢？』有時，這實在是個難題，尤其是對方是一個陌生人時。但是，

親近人際的祕訣

　　稱讚眼前的這位職員似乎並不讓我感到困難，我馬上就找出可以讓他高興的話了。

　　當他開始為我服務時，我熱切地對他說：『我真希望能有你這樣的頭髮。』他有些驚訝地看著我，臉上泛出微笑。『啊，它已經不像以前那麼好啦！』他謙虛地應答。我告訴他，雖然它可能已沒有原來的美觀，但是仍然令人十分羨慕。他十分高興，和我談了一會兒，最後說道：『許多人都稱讚我的頭髮。』

　　我想，這位先生出去吃午飯的時候，一定步履生風；晚上回家，還會將此事十分炫耀地告訴他的太太；他還會照著鏡子對自己說：『我的頭髮多麼漂亮！』

　　我在一次演講的時候提起這件事，事後有人問我：『你想從那人身上得到什麼？』

　　我想從那人身上得到什麼？我又能從那人身上得到什麼？

　　問這話的先生是不是功利心太強了點？假若我們都是這麼自私，一旦沒有從他人身上得到好處，就不對他人表示一點讚賞或真誠的感謝──如果我們的心胸比野生的酸蘋果大不了多少，那麼我們的靈魂將會變得多麼枯萎，我們的心靈會變得多麼貧乏。

　　是的，我是希望從那位先生身上得到一點東西，但是那

東西是無價的,而且我已經得到了。我得到了助人的快樂,這種感覺會在時過境遷之後,永遠保留在我的記憶深處。」

人類行為有個極為重要的法則,這個法則就是時時讓別人感到重要。如果人們都遵從這個法則,那麼誰也不會惹來什麼麻煩,而且都可以得到真誠的友誼和永恆的快樂。反之,如果我們破壞了這個法則,就難免招惹麻煩。

著名哲學家約翰‧杜威(John Dewey)說:「人類本質裡最深層的驅動力就是希望具有重要性。」哈佛著名心理學家威廉‧詹姆士(William James)也說:「人類本質中最殷切的需求是渴望得到他人的肯定。」正是這種需求,使得人類有別於其他動物;也正是這種需求,產生了豐富的人類文化。

幾千年來,無數的哲學家曾深刻地反思這個問題。而他們得出的結論只有一個,這個法則並不新穎,可以說和歷史一樣陳舊。2,500年前,瑣羅亞斯德(Zoroaster)在波斯用這個原則教導門徒;至聖先師孔子同樣這麼諄諄勸導他的門生;道教的始祖老子在函谷關也這麼傳道過;基督降生的前500年,佛陀已在神聖的恆河邊這樣教誨眾生,甚至印度教的經典也這麼記載著——這大概是世上為人處世最重要的法則:「你要別人怎麼待你,就得先怎樣待別人。」

每個人都希望得到朋友的認同,需要別人知道自己的價

親近人際的祕訣

值,希望自己在別人的心目中有一種很重要的地位。沒有人喜歡廉價、言不由衷的恭維,渴望出自真誠的讚美。正像查理·夏布所說:「真誠、慷慨地讚美他人,我們的內心都是相通的。」

為此,我們必須遵循這個永恆的定律——你希望別人怎麼對待自己,那你就應該怎麼去對待別人。

那麼,我們應該什麼時候去做?在什麼地方去做?怎麼去做?答案是:隨時,隨地。

比方說,你在餐廳裡點了一份炸薯條,而服務生卻端給你一份馬鈴薯,讓我們說:「對不起,麻煩你了,但是我比較喜歡炸薯條。」服務生可能會這麼回答:「不,一點也不麻煩。」而且他還會高高興興地把馬鈴薯換走,因為我們已經對他表示了敬意。

另外,我們還可以使用許多日常用語來解除每天生活的失誤與麻煩,如「對不起,麻煩你……」、「可否請你……」、「請問你願不願意……」、「你介不介意……」、「謝謝」等。

我們再看另一個例子。

你是否讀過凱恩的小說《基督教徒,法官,英國曼島人》?有成千上萬的人讀過他的小說。凱恩是個鐵匠的兒子,一生只去過學校8年,但是他去世時已成為這個世界有

適度恭維

史以來最為富有的作家。

凱恩是怎麼創造財富的呢？大概情況是這樣的：由於凱恩酷愛詩，所以他將大詩人羅斯迪所有的詩都讀了一遍。他還寫了一篇演說辭，來歌頌羅斯迪在詩歌方面的藝術成就，並將它送給了羅斯迪本人。羅斯迪當然十分高興。羅斯迪說：「任何一個青年能對我的才華有如此高深的見解，一定是個非常聰明的人。」

於是，羅斯迪將凱恩請到家中來，讓他擔任自己的祕書。這對凱恩來說，可是改變人生道路的難得機會——因為他憑藉這個新的身分，接觸了許多當代著名的文學家，從他們那裡接受有益的建議，並受到他們的鼓勵和激發，開始了他自己的寫作生涯，最終名聞世界。

凱恩的故鄉是英國曼島，它現在已經成為世界各地旅遊者觀光賞景的勝地。他留下來的財產高達250萬美元，可是，又有誰知道，如果他當初沒有寫那篇真誠讚美羅斯迪的演講辭，他或許會窮困潦倒地死去呢？

這就是發自內心地真誠讚美的力量，這是一種偉大的力量！

羅斯迪認為自己很重要，這並不是什麼新鮮事——幾乎每個人都認為自己很重要，非常非常重要。而每個國家也

097

親近人際的祕訣

是這樣。

你認為你比日本人出色嗎？但是事實上，日本人認為自己比你還出色得多。例如，當一個保守的日本人看到一位外國人和一個日本女人在一起跳舞時，他一定會異常惱怒。

你認為你比印度人更聰明嗎？那是你的自由。但是成千上萬的印度人卻覺得自己比你要聰明，他們不屑於與你這個異教徒為伍，更不願去碰那些被你的影子所玷汙過的食物。

幾乎每一個國家都認為自己比別的國家更好，於是就從中產生出愛國主義精神，也從中產生了戰爭。

一個不容否認的事實就是，凡是你聽見過的人，你可能都會覺得他在某些方面要比你強。實際上每個人都有其優點，都有值得別人學習的地方。承認對方的重要性，並由衷地表達出來，就會使你得到他的友誼。

千萬不要忘記愛默生曾說過的話：「凡是我所遇見的人，都有比我優秀之處。在這個方面，我正好可以向他學習。」

但是讓人感到憤怒的是，那些無所作為卻自以為很成功的人，整天都在用令人噁心的浮華誇飾之詞來掩飾他們內心的不安，到處招搖撞騙，不知廉恥。這種人正像莎士比亞所說的：「人！狂傲的人！藉著那麼一點才能，竟然在上帝面前胡作非為，騙得天使們都流下了眼淚。」

適度恭維

下面將講 3 個故事，都是實行這些法則而獲得成功的故事。

先講一位康乃狄克州律師的故事。由於他親屬方面的原因，他不想讓別人知道他的姓名，所以這裡暫且叫他 R 先生吧。

R 先生來卡內基訓練班接受培訓之後不久，就和他妻子開車去長島，看望她的親戚。妻子將他留下來，陪她年邁的姑媽聊天，而她自己則去看望另外幾家親戚。由於 R 先生要在班上做一次關於如何運用讚美法則的演講，於是他打算從這位老太太這裡開始訓練自己這方面的才能。

R 先生在老太太的房子四周仔細巡視了一番，希望能找到一些他可以真誠讚美的東西。

「你這棟房子是建於 1890 年前後，對嗎？」R 先生問老太太。

「是的。」老太太回答說：「正是那一年建的。」

「它使我回想起我出生的老家的房子。」R 先生說：「它真是太好了，真漂亮，裡面真寬敞！你知道，人們現在再也不建這種房子了。」

「一點都不錯，年輕人！」老太太也表示同感，她說：「現在的那些年輕人可不怎麼在乎漂亮的房子。他們所想要

親近人際的祕訣

的,不過是一小套公寓和一個電冰箱,然後無憂無慮地開著汽車到處去兜風閒逛。」

「這是一所凝聚了理想和希望的房子。」老太太的聲音有些顫抖,陷入了回憶當中。她充滿柔情地說:「這房子是我和我丈夫愛情的結晶。我丈夫和我在建這棟房子之前,設計構思了許多年的時間。我們並沒有請建築師,它完全是我們自己設計的。」

然後,老太太帶R先生參觀了這所老房子。房子裡放滿了老太太在世界各地旅行時蒐集到的紀念珍品:波斯披肩、英國老茶具、威格瓷器、法式寢具、義大利油畫以及曾風靡於法國封建王朝時期的專用於古堡裝飾的絲帷。她對這些東西一直視如生命般寶貴。R先生對這些東西表示了真誠的讚美。

R先生:「老太太帶我參觀完房子之後,又帶我到車庫,那裡放著一輛幾乎是全新的別克高級汽車。」

「這輛車是我丈夫在去世前不久買的。」老太太慢聲細語地說:「他離我而去之後,我再也沒有用過它……年輕人,你很會欣賞美麗的東西,我準備把這輛車送給你。」

「哦,不!姑媽!」R先生說:「你這可讓我不知如何是好了。對於你這番盛情,我當然感激不盡。可是我怎麼能

適度恭維

接受這麼貴重的東西呢？我不是你的直系親屬，而且我自己也有一輛汽車。再說了，你的許多親戚也很喜歡這輛別克車呢！」

「親戚？！」老太太激動得大聲喊道：「是的，我的確有親戚。可是他們都正等著我死呢，這樣他們就好得到我這輛汽車了。但是他們誰也別想得到它。」

「如果你不願將它送給他們，那你可以把它賣掉。」R先生告訴老太太。

「賣掉它？！」老太太叫了起來，「你以為我想賣掉它嗎？你以為我願意讓那些和我素不相識的陌生人坐在我丈夫買給我的車中，到處跑來跑去嗎？年輕人，我做夢都不會賣的。我只想把它送給你，因為你是個懂得欣賞美麗東西的人。」

R先生盡力拒絕接受老太太的汽車，然而他最後不得不收下它，因為他的拒絕只會使她更加傷心。

這位老太太一個人孤獨地住在這棟空蕩蕩的老房子裡，她所擁有的只是她的波斯披肩、各種英國和法國古董以及她的回憶。她所渴望的，正是像R先生這樣的讚美和欣賞。她也曾經年輕而美麗，擁有許許多多的追求者。她曾經和她的丈夫共同建了這所房子，這裡面有他們永恆的、溫馨的愛

親近人際的祕訣

情，他們還從歐洲各國蒐集到各種珍品來裝飾這個愛情的巢窩。

可是現在，她已經老了，在這年老孤寂的環境中，她渴望得到一點人間的溫暖，得到一點真誠的讚美——但是沒有人給她所需要的東西。現在R先生給了她這一切，她的心猶如久旱逢甘露的大地一樣，充滿了感激，使她體會到了久別的情懷。一旦她得到這一切，那麼即使將那輛別克車送給R先生，也絕不能完全表達她對他的感激之情。

再看下面的例子。

羅納爾德・羅蘭是卡內基訓練班在加利福尼亞州開課時的講師，也教美工課。他曾提起初級手工班裡的學克里斯的故事。

「克里斯是個14歲的男孩子。他安靜、害羞、缺乏自信心，平常在課堂上很少引人注意。一天，我見他正在用功，便走過去和他說話。他的內心深處似乎有一股見不到的火焰。當我問他喜不喜歡班上的課時，他臉上的表情發生了極大變化。我可以看出他的情緒有些激動，而且，想極力忍住淚水。

『你是說，我表現得不夠好嗎，羅蘭先生？』

『啊，不！克里斯，你表現得很好。』

適度恭維

　　那天下課後，克里斯用那對明亮的藍眼睛看著我，並且肯定、有力地說：『謝謝你，羅蘭先生！』克里斯教了我永遠難忘的一課 —— 我們都擁有自己的自尊。為了使自己不致忘記，我在教室前方掛了一個標語：『你是最重要的。』這樣不但每個學生都可以看到，也隨時提醒我：每一個我所面對的學生，都同等重要。」

　　這是一個毫不誇張的事實：差不多你所遇見的每一個人都自以為在某些地方比你優秀。所以，要打動他們內心的最好方法，就是巧妙地表現你認為他們很重要。

　　紐約園藝設計與保養公司的管理人唐納德‧麥克馬亨曾講述了這樣一個故事：

　　「有一次，我替一位著名的鑑賞家做庭園設計，這位鑑賞家告訴我他想在哪裡種一片石楠和杜鵑花。

　　我說道：『先生，聽說你養了許多漂亮的好狗，每年在麥迪遜廣場花園的展覽裡，你都能拿到好幾個藍帶獎，是嗎？』

　　這個小小的稱讚使鑑賞家春風滿面。他回答說：『是的，我從養狗中得到了很多樂趣。你想不想看看牠們？』

　　他花了幾十分鐘的時間，帶我參觀各類的狗和所得的獎品，甚至向我說明血統如何影響狗的外貌和智慧。

親近人際的祕訣

參觀結束，他突然問我：『你有沒有小孩。』

我說：『我有個兒子。』

『啊，他想不想要隻小狗呢？』他問道。

我回答說：『他一定會很高興的。』

『那麼，我要送一隻給他。』鑑賞家慷慨地說。

隨後，他又告訴我怎麼養小狗，講了一半卻又停下來。『你大概不容易記下來。我寫一份說明給你。』於是他走進屋裡，打了一份血統譜和飼養說明書給我。

就這樣，他不但送我一隻價值好幾百美元的小狗，還在百忙中花了一個多小時陪我。而這樣做的起因，僅僅是因為我一句輕描淡寫的讚美。」

再看喬治・伊士曼（George Eastman）──著名的柯達公司的總經理，他發明了透明膠片，從而使活動電影變成了現實，他也因此而成為億萬富翁，成為全世界最著名的企業家之一。然而，儘管如此，伊士曼仍然渴望得到別人的讚賞，哪怕是些許的讚賞也會讓他激動難抑。

例如就在幾年前，伊士曼為了紀念他已經故去的母親，準備在羅徹斯特建造伊士曼音樂學院和基爾伯恩大劇院。在紐約經營座椅生意的優美座椅公司的經理亞當斯得到消息後，決定承攬下這些建築物中的座椅業務。他打電話給伊

適度恭維

士曼僱用的建築師約託,兩人打算一起去羅徹斯特拜訪伊士曼。

亞當斯見到約託後,這位建築師說:「我知道你想要得到這筆訂單。但是我可以告訴你,伊士曼先生是個很嚴厲的人,他是這個世界上最忙的人;如果你占用他的時間超過5分鐘,那你就別指望得到這筆業務了。所以我認為,你最好是長話短說,快點說完就出來。」

但是,亞當斯見了伊士曼之後,又是如何做的呢?

當他被帶進房間時,伊士曼正低著頭看檔案。過了片刻,伊士曼摘下眼鏡,抬起頭來,走到約託和亞當斯兩人跟前,說道:「兩位好,請問有何指教?」

建築師約託作了簡單介紹之後,亞當斯說:「伊士曼先生,當我們等候你時,我一直在欣賞你的辦公室。我想如果我也有一個像你這樣的辦公室,我也一定會努力工作的。你知道,我做的是室內木工裝潢行業,可是我一輩子還沒有見過比這更棒的辦公室。」

伊士曼說:「啊,如果不是你這樣說,我倒真的想不起這些了。這辦公室是不是很漂亮?當初裝好之後,我就非常喜歡它。可是我現在每天都有一大堆的事要處理,腦子裡想的只是工作,因此許久以來,我竟沒有注意到我自己這個漂

> 親近人際的祕訣

亮的辦公室。」

亞當斯走上前，摸了摸伊士曼的辦公桌，說：「這是英國橡木的，對吧？它與義大利橡木在質地上有點差異。」

「是的。」伊士曼回答說：「那是進口的英國橡木桌子。這是我一位對硬質木材很有研究的朋友特意為我挑選的。」

隨後，伊士曼帶領亞當斯和約託參觀了整個辦公室，還詳細介紹了各種物品的大小比例、顏色、精細雕刻以及某些在他的參與下設計完成的裝飾——很顯然，伊士曼很樂意向他的客人展示這些東西。

就在他們欣賞辦公室內的木藝裝飾的時候，他們走到了一扇窗戶前，並停了下來。這時，伊士曼向亞當斯說起了他正要捐資建造的一些機構，如羅徹斯特大學、公眾醫院、順勢治療醫院、慈善養老院、兒童醫院……說到這些的時候，伊士曼是那樣的謙虛和平靜。亞當斯則不失時機地，讚賞他用自己創造的財富來解救人類疾病痛苦的崇高行為。

過了一會兒，伊士曼開啟一個玻璃櫃的鎖，取出了他從一個英國人那裡買來的一件發明——他所擁有的世界上第一架照相機。

然後，亞當斯又詳細地向伊士曼詢問他早期艱苦創業的經過。伊士曼先生於是開啟了情感的匣子，充滿感慨地講了

他幼年的貧困生活，說起他曾為了一天賺到 50 美分而在一家保險公司當業務員，以及他守寡的母親為了維持一家人的生活，而出租房屋開起旅店的事。由於貧困糾纏著他，使伊士曼日日夜夜都在痛苦中煎熬。他決定去賺錢，賺到足夠多的錢，好讓他母親不再開旅店而被拖垮累死。

亞當斯靜靜地聽著這些，聽得著了迷一樣。

伊士曼又向亞當斯說起他當初試驗膠片的經歷：為了盡快試驗成功，他整天整夜都待在試驗室做各種試驗，只有在化學藥品產生反應的時候瞇上眼打個盹；有一次他竟連續工作 72 小時，由於勞累交加，他穿著工作服就睡著了。

亞當斯在 10 點 15 分進到伊士曼的辦公室，而建築師約託還警告他不要超過 5 分鐘。可是 1 小時過去了、2 小時過去了……他們還在繼續談論。

最後，伊士曼對亞當斯說：「我上次從日本買了幾張椅子回來，放在我家的陽臺上。但是它們已被太陽晒得掉漆了，我就到街上去買了些油漆，親自把它們漆了一遍。你願意去我家看看我漆得怎麼樣嗎？好了，我們說定了，就到我家來，我們一起吃午飯，並看看我油漆的那幾張椅子。你看如何？」

亞當斯接受了伊士曼先生的邀請。吃完午飯之後，伊士

親近人際的祕訣

曼讓亞當斯看了看他「親自」漆的椅子。其實，這些椅子根本值不了多少錢，但是對於億萬富翁伊士曼先生來說可是件重要的東西，因為他「親自」漆了這些椅子，他為此而感到十分自豪。

伊士曼先生這次要訂購的座椅價值 90,000 美元，眾多商家正盯著這筆生意。你能想到是誰得到了這筆生意嗎？是亞當斯，還是他的競爭對手？

從那以後，直到伊士曼先生去世，他和亞當斯始終保持著密切的聯繫，他們成了最親密的朋友。

應該如何運用這種讚美他人的黃金法則呢？為什麼不從自己的家庭開始？沒有別的什麼地方比家裡更需要它了。你的另一半肯定會有他／她的優點，或者至少有某些優點，要不然你會與他／她結婚嗎？可是，自從你上次讚賞他／她，至今已有多久了？你還記得嗎？有多久了？

如果不知道讚美別人，就不要結婚；在結婚前讚美另一半是很自然的事，但是在結婚之後讚美另一半，則是必須要做的事，而這也是關係到你對另一半的真誠及家庭安全的事；婚姻並不是白開水，而是情感的外交場所。

因此，如果你想要每天都能得到快樂，就千萬不要指責你的另一半，只會招致他／她的抱怨。相反，你應該經常稱

適度恭維

讚他／她的治家本領，誇他／她把家中收拾得乾乾淨淨的；還要當著別人的面，說你很幸運地與這樣的人結婚。即使他／她有時把牛排烤得像牛皮一樣焦，把麵包烤得像炭一樣黑，你也不應該有絲毫的抱怨，而是說他／她沒有達到平常應有的水準，那麼他／她一定會盡力達到你對她的期望。

不過，你不能突然開始，否則他／她會起疑心。

你要經常買些禮物給他／她。不能只是口頭上說：「是的，我應該那樣做。」而是要真的付諸實踐！然後再送給他／她一個微笑，和他／她說上幾句溫暖的情話。如果有更多的夫妻能依此去做，就不會出現每 6 次婚姻中就有一次失敗的現象了。

你想知道如何讓他／她對你產生愛情嗎？這裡就有一條祕訣，而且非常有效。這是迪克斯發現的。她曾訪問過一位著名的重婚犯——他曾獲得過 23 個女人的芳心，以及她們存在銀行的錢財（需要說明的是，迪克斯是在監獄中訪問這人的）。當她問他是如何令女人對他產生愛情的時候，他說並沒有什麼神祕的，只要和女人談論她自己就行了。

對男人來說，同樣的方法也有效。大不列顛帝國最聰明的首相班傑明・迪斯雷利（Benjamin Disraeli）說：「和一個男人談論他自己的事，他會願意靜聽幾個小時。」

親近人際的祕訣

傾聽他人

　　卡內基曾應邀參加一個紙牌聚會,但遺憾的是,他不會打紙牌,碰巧有一位漂亮的女士也不會打,於是二人坐下來聊天。當兩人在沙發上坐下來的時候,她提到她與丈夫最近剛從非洲旅行回來。

　　「非洲!」卡內基說:「多麼有趣!我總想去看看非洲,但是除在阿爾及利亞停過 24 小時外,別的地方還沒到過。聽說你曾遊歷過野獸出沒的鄉間,是嗎?多麼幸運!我羨慕你!可以告訴我有關非洲的情形嗎?」

　　她非常有興致地開始了她的談話。那次談話進行了 45 分鐘。她不再問卡內基到過什麼地方、看見過什麼東西了;也不要聽卡內基談論他的旅行,她所需要的不過是一個專心的靜聽者,使得她能擴大她的自我,展示自己的見聞。

　　但是在的日常生活中,許多人都和這位女士一樣。

　　伍德福德寫道:「很少有人能拒絕那種隱藏於專心傾聽中的恭維。」而比專心致志還要更進一步的卻是「誠於嘉許,寬於稱道」。

商業會談能夠成功的祕訣是什麼？以注重實際著稱的學者說：「關於成功的商業交往，沒有什麼神祕的——把注意力匯集到講話的人身上。沒有別的東西會這樣使人開心。」

其中的道理很明顯，是不是？你不必在哈佛讀上4年書才發覺這一點。但是你也應該了解，有的商人租用豪華的店面，陳設櫥窗動人，為廣告花費千百塊錢，然後僱用一些不會靜聽他人講話的店員——中止顧客談話、反駁他們、激怒他們，甚至幾乎要將客人驅出店門。但是他們卻不明白生意不能興旺的原因。

紐澤西州的烏頓講述過這樣一個故事。

烏頓在紐澤西州靠近大海的紐華克市的一家百貨商店買了一套衣服。這套衣服品質很差：上衣褪色，將他的襯衫領子都弄黑了。

他將這套衣服帶回該店，找到賣給他衣服的店員，告訴他有關的情況。他想訴說此事的經過，但是被店員打斷了。「我們已經賣出了數千套此種衣服。」這位售貨員反駁說：「你是第一個來挑剔的人。」

這是他所說的話，而他說話的聲調聽起來比這更讓人難以接受。他那充滿火藥味的聲音好像在說：「你說謊。你想欺負我們，是不是？好，我要給你點顏色看看。」

> 親近人際的祕訣

　　正在激烈辯論的時候,另外一個售貨員又加入了進來。「所有黑色衣服最初都要褪一點顏色。」他說:「那是沒有辦法的,這種價錢的衣服就是這樣,那是顏料的關係。」

　　「當時把我氣壞了。」烏頓先生說:「第一個店員懷疑我的誠實,第二個暗示我買了一件便宜貨。我惱怒起來,正要罵他們,售貨部的經理過來了,他知道他的職責。正是他使我的態度完全改變了。他將一個惱怒的人,變成了一位滿意的顧客。

　　他是這樣做的:首先他從頭至尾傾聽我的話,不說一個字。其次,在我講話的時候,店員們又想要插嘴發表他們的意見,他站在我的觀點與他們辯論;他不但指出我的領子是明顯被衣服所弄髒的,並且堅持說,不能令人滿意的東西,就不應由店裡出售。

　　第三,他承認他不了解毛病的原因,並徵求我的意見:『你要我怎樣處理這套衣服呢?對你的要求,我們一定照辦。』

　　就在幾分鐘以前,我還預備要退掉那套可惡的衣服。但是我如今回答說:『我只要你的建議,我要了解這種情形是否是暫時的,是否有什麼辦法解決。』

　　他建議我將這套衣服再試穿一個星期。『假如到那時仍

不滿意。』他說:『請你拿來,由我們為你換一套滿意的。由此造成你的不方便,我們特別抱歉。』

我滿意地離開了這家商店。一星期後,這衣服沒有再出現褪色的情況,我對於那家商店的信任也就完全恢復了。」

喜歡挑剔的人,包括那些最激烈的批評者,常會在一個忍耐、同情的靜聽者跟前軟化降服──這位傾聽者即使在氣憤的尋釁者像一條大毒蛇張開嘴巴吐出毒物時也要忍耐。

有一個粗暴的顧客,數年前曾屢屢咒罵紐約電話公司的接線生,他恐嚇要拆毀電話,他拒絕支付他認為不合理的費用,他寫信給報社,他向服務委員會提出申訴,他還使電話公司引起數起訴訟。

後來,公司派出一位最富技巧的「調解員」去訪問這位惡毒的顧客。這位「調解員」安靜地聽著,並對其表示同情,讓這位好爭論的老先生發洩他的大篇牢騷。

「他喋喋不休地訴說,並伴以激烈的手勢,我靜聽了幾乎3個小時。」這位「調解員」敘述道:「以後我再到他那裡,繼續聽他發牢騷,我共訪問他4次。在第四次訪問完畢以前,我已成為他正在創辦的一個組織的會員,他稱之為『電話使用者保障會』。我至今仍沒有申明退出。可笑的是,就我所知,除老先生以外,這個協會只有我一個會員。

親近人際的祕訣

在每次訪問中，我都以傾聽為主，並且同情他所說的任何一點。我從未像電話公司其他人那樣和他談話，他的態度漸漸變得友善了。我要見他的事，在第一次訪問時，沒有提到，在第二次、第三次也沒有提到，但是在第四次，我全部地結束了這個案件。這位老先生不僅把所有欠電話公司的帳都付清了，而且還首次撤銷他向公眾服務委員會的申訴，與我們握手言和。」

顯然，這位老先生自認為是在為公益而戰，是在保障大家的權利，不願意無情地被剝奪。但他實際上是在追求一種自重感。他先是透過挑剔和抱怨來得到這種自尊感。但是，當他從電話公司的代表那裡得到了自重感時，他那所有並不真實的冤屈立即化為烏有。

再比如好幾年前的一個早上，有一位怒氣沖沖的客戶闖進了德第蒙德毛呢公司——這家公司後來成了世界上服裝行業最大的毛呢料供應公司——創始人德第蒙德先生說：

「儘管這位顧客不承認，但是我們知道確實是他錯了。所以我們公司信用部堅持要他付款。他在收到我們信用部的幾封信之後，穿戴整齊地來到芝加哥，怒氣沖沖地闖進我的辦公室，告訴我說他不但不付那筆錢，而且今後也不會訂購德第蒙德公司一美元的貨物。

傾聽他人

　　我耐心地靜聽他所說的一切。我在此過程中有好幾次都想打斷他，但是我知道那並不能解決問題，所以我就讓他盡情發洩。當他最後怒氣消盡，能夠靜下心來聽別人的意見時，我平靜地對他說：『你到芝加哥來告訴我這件事，我得向你表示感謝。你已幫了我一個大忙，因為我們信用部如果使你不愉快的話，他們也可能會讓別的顧客不高興，那可真是太糟了。你一定要相信我，我比你更想聽到這件事。』

　　他大概怎麼也沒有料到我會這樣說。我想他可能還會有一點失望，因為他來到芝加哥，本來是想和我大吵一架的。可是我在這裡向他表示感謝，而沒有和他爭論。我明白地告訴他，我們要勾銷那筆 15 美元的帳，並忘掉這件事。我還說，因為他是一個很細心的人，而且只是涉及這一份帳目，而我們的員工卻要負責幾千份帳目，所以和我們的員工相比，他不大可能出錯。

　　我告訴他，我十分清楚他的感受；如果我處在他的立場，我也會和他的感受完全一樣。由於他不想再買我們的產品了，於是我為他推薦了其他幾家公司。

　　以往他每次來芝加哥時，我們總是一起吃午餐，所以那天我照例請他吃午餐。他勉強答應了。但是，當我們回到辦公室的時候，他比以往訂了多出許多倍的貨物，然後平心靜氣地回去了。為了回報我們如此寬厚地對待他，他特意檢查

親近人際的祕訣

了他的帳單，結果一張他以前放錯了地方的帳單被找了出來。於是，他寄給我們公司一張 15 美元的支票，並向我們表達了他的歉意。

後來，他的妻子生了一個男孩，他為他的兒子取名德第蒙德。他一直是我們公司的朋友和顧客，直到 22 年以後去世為止。」

多年前，有一個從荷蘭移居來的貧苦少年，在學校下課後，為一家麵包店擦窗，每星期賺 50 美分。他家特別貧寒，他平常天天到街上用籃子撿拾煤車送煤時落在溝渠裡的碎煤塊。那個孩子叫巴克，一生只受過 6 年的學校教育，但是最終卻使自己成為美國新聞界一個最成功的雜誌編輯。他的成功道路，說來話長，但是他如何開始，這裡能夠簡單地敘述。因為他開始時採用的，正是本章所提出的原則。

巴克 13 歲那年離開學校，在西聯公司做童工，每星期薪資 6.25 美元。但是他從未放棄尋求教育的意念。他不坐車、不吃午飯，把錢省下累積起來，直到可以買一本《美國名人傳記大全》。後來，他做了一件別人從未做的事情。他讀了名人的傳記，寫信給他們，請他們寄來有關他們童年時代的補充材料。他是一個喜歡靜聽的人，他鼓勵名人講述自己的故事。

傾聽他人

　　他寫信給那時正在競選總統的加菲大將，問他是否真的在一條運河上做過拉船童工。令他意外的是，加菲寫了回信給他。他還寫信給格萊德將軍，詢問某一場戰役。格萊德給了這位 14 歲的孩子一張地圖，並邀請他吃晚飯，飯後又與他談了一整夜。此後，他又寫信給愛默生，並希望愛默生講述關於他自己的情況。這位為西聯送信的小孩不久便和全美最著名的人通了信：愛默生、夏姆士、林肯夫人瑪麗‧陶德（Mary Todd）、威廉‧特庫姆賽‧薛曼（William Tecumseh Sherman）將軍等等。

　　除了與他們通信，巴克還在他們度假的時候，去拜訪過他們中間的好多位，成為這些家庭裡頗受歡迎的客人之一。這種經驗使他產生了一種無價的自信心。這些名人激發了他的理想與志向，轉變了他的人生。而所有這些，僅僅是因實行了我們所討論的這個原則而已。

　　馬可遜先生是一個最優秀的名人訪問者。他說：「多數人難以讓他人對自己產生好印象的原因，是因為他們不注意靜聽。他們只關心自己下面要說什麼，他們不知道用耳朵。一些大人物曾告訴我，他們更喜歡善於傾聽者，而非善於談話者。但是能靜聽的能力，彷彿比任何其他好性格都少見。」這種性格不僅大人物有，平常人同樣也有。《讀者文摘》（Reader's Digest）中曾寫道：「許多人之所以請醫生，他

親近人際的祕訣

們所要的只不過是一個傾聽者。」

在美國南北戰爭期間,林肯寫信給在伊利諾州春田市的一位老朋友,請他到華盛頓來商討一些問題。這位老朋友到白宮拜訪,林肯與他談了數小時關於釋放黑奴的宣言問題。討論數小時以後,林肯與他的老朋友握手道聲晚安,送他回伊利諾州,竟然沒有徵求他的意見。

整個談話中所有的話都是林肯說的,那彷彿是為了舒暢他的心境。「談話之後他似乎稍感安適。」這位老朋友說。林肯沒有要求他提什麼建議,他只要一位友善的、同情的傾聽者,使他能夠發洩苦悶。通常這是我們在困難中都需要的,更是憤怒的顧客所需要的。一些不滿意的僱員、感情受到傷害的朋友也都有這種心理。

假如某個人想讓周圍的人躲避他,背後嘲笑他,甚至被輕視,這裡有一個最好的辦法:就是不論在何種場合,總是不斷地談論你自己;假如在別人談話時,你有自己不同的意見,別等他說完就立即打斷他。為什麼浪費你的時間去聽他無謂的閒談?他的話有你的動聽嗎?

這樣的人其實就是為自私心及自重感所麻醉的人。他們只愛談論自己,只為自己設想。哥倫比亞大學校長巴德勒博士說:「僅為自己設想的人,他們是無可救藥的缺乏教育者。

傾聽他人

他的確沒有教養,無論他受過怎麼樣的教育。」

　　假若你非常希望成為一個善於談話的人,那你首先要做一個注意傾聽的人。只有你對別人感興趣,別人才會對你感興趣。談話的技巧是問別人喜歡回答的問題、鼓勵他談論自己所取得的成就。始終要對他的思想、他的需求、他的問題,比對你的想法、你的需求、你的問題要感興趣 100 倍。留意他頸上的嘴比注意非洲的 40 次地震還要多才行。

> 親近人際的祕訣

顧全他人名譽

　　如果原來的一個技術傑出人士突然變成粗製濫造的工人，作為管理者會怎麼做？或許會解僱他，但是這並不能解決任何問題。也可以責罵那個工人，但是這常常只會引起怨恨。

　　印第安納州一家卡車經銷商的服務經理亨利‧漢克手下有一個工人，出現了類似情況，而且工作每況愈下。亨利‧漢克沒有對他吼叫或威脅他，而是把他叫到辦公室裡來，與他坦誠地交談。

　　亨利說：「比爾，你是個很棒的技工。你在這條線上工作也有好幾年了，你修的車子都很令顧客滿意。其實，有很多人讚美你的技術好。可是最近，你好像出現了一些問題，完成一件工作所需的時間加長了，而且品質也比不上你以前的水準。你以前是個傑出的技工，我想知道，為什麼會出現這種情況？也許我們可以一起想個辦法來改正這個問題。」

　　比爾回答說他並不知道他沒有盡到他的職責，並且向他的上司保證，他所接的工作並未超出他的專長，他以後一定

會改進。

雖然沒有雷霆之怒，但是那些溫和的讚譽還是使比爾受到了震憾。他曾經是一個快速優秀的技工。有了漢克先生給他的那些美譽，他會比以前做得更好。

紐約市的琴德夫人，她僱了一個女僕，並告訴她下星期一上班。在這期間，琴德夫人打電話給女僕以前的女主人了解情況。對方告訴她，這個女僕辦事不能讓人滿意。當女僕來的時候，琴德夫人說：「艾莉，我那天打電話給你以前做事的那家太太，她說你誠實可靠，會做菜、會照顧孩子，但是她說你不整潔，從不將屋子收拾乾淨。現在我想她是在說謊，你穿得很整潔，人人都可以看得出。我打賭你收拾屋子一定與你的人一樣整潔乾淨。你也一定會跟我相處得很好。」

她們後來真的相處得很好。艾莉要顧全名譽，並且她真的做到了。她把屋子收拾得清清爽爽，乾乾淨淨，她情願多費一些時間打掃，而不願使琴德夫人對她的期待落空。

包汀火車廠的董事長塞謬爾‧華克萊說：「假如你尊重一個人，一般人是容易誘導的，尤其是當你顯示你尊重他是因為他有某種能力時。」

總之，若想在某方面去改變一個人，就把他看成他已經

> 親近人際的祕訣 ●

有了這種傑出的特質。莎士比亞說：「假如你沒有一種德行，就假裝你有吧！」

更有成效的是，公開的假設或宣稱他已有了你希望他有的那種德行。給他們一個好的名聲來作為努力的方向，他們就會痛改前非、努力向上，而不願看到你的希望破滅。

吉歐吉特‧勃布朗在她的書中描述著一位比利時的灰姑娘驚人的變化：

「隔壁旅館的服務生送來了我的餐點。她的名字叫『洗盤子瑪希』，因為她剛開始時是做洗碗盤助手。她簡直是個怪物——斜眼、外八字腿，既沒姿色又沒頭腦。

有一天，她的紅手端著通心粉的盤子，我直截了當地對她說：『瑪希，你知不知道自己有什麼寶藏呢？』

她慣於壓抑自己的情感，遲疑了一會兒，害怕有什麼災難似的，連動都不敢動。後來她才把盤子放在桌上，嘆了口氣，純真地說：『我永遠都不相信我有。』她一點都不懷疑，連一個問題都不問。她只是喃喃地重複著我所說的話回到廚房去了，而且她深信沒有人會和她開玩笑。從那天起，大家開始尊重她了。但是最奇怪的變化在謙卑的瑪希身上發生了。她確信自己確實有些內在寶藏，她開始打扮起來了，她飢渴的青春似乎開始奔放了，並謙遜地隱藏著她的樸實。

兩個月以後，她宣稱她要和大廚師的姪子結婚了。她說：『就要當一名淑女了！』並說謝謝我，一個小小的讚許，改變了她的一生。」

吉歐吉特・勃布朗給了「洗盤子的瑪希」一個美譽去努力，而這份美譽改變了她。

比爾・派克是佛羅里達州戴通納海灘一家食品公司的業務員，他決定把公司的新產品擠進一家大食品市場，但不幸的是，大食品公司的經理對他的產品不感興趣。這令比爾很洩氣。他想了一整天，決定這天下午回家前再去試試。

他找到這位經理說：「傑克，我今天早上走時，還沒有讓你真正了解我們最新系列產品的優點，現在，我很想為你介紹我漏掉的幾點。我非常敬重你有聽人談話的雅量，給我幾分鐘的時間，也許你會改變你的決定。」

傑克被他的話打動了，最終經過這次交談，傑克的新產品順利地進入了市場。

有一天早上，蘇格蘭都柏林的一位牙醫馬丁・貴茲與夫的病人指出他用的漱口杯、托盤不乾淨時，他非常震驚。不錯，他用的是紙杯而不是托盤，但是生鏽的設備顯然表示他的職業水準是低下的。

當這位病人走了之後，貴茲與夫醫生關了診所，寫了一

> 親近人際的祕訣

封信給布利基特——一位女傭，請她一個禮拜來打掃兩次衛生。他是這樣寫的：

「親愛的布利基特：

最近很少看到你。我想該抽點時間向你做的清潔工作致意。順便需要提的是，一週兩小時，時間並不算少。假如你願意，請隨時來工作半個小時，做些你認為應該經常做的事，比如清理漱口杯、托盤等等。當然，我也會為這些額外的服務付錢的。」

第二天，當他走進辦公室時，看見桌子和椅子，擦得幾乎跟鏡子一樣亮，他幾乎從上面滑了下去。當他進了診療室後，看到從未見過的潔淨，光亮的鉻製杯托放在儲存器裡。他給了他的女傭一個美譽促使她去努力，而且就只為這一個小小的讚美，她便使診所的衛生狀況大為改觀。她用了多少額外的時間呢？對了，一點都沒有。

露絲‧霍普斯金太太是紐約布魯克林一所學校四年級的教師。在新的學期，當她看過班上的學生名冊時，她對新學期的興奮和快樂卻染上憂慮的色彩：今年，在她班上有一個全校最頑皮的「壞孩子」——湯姆。他三年級的老師不斷地向同事或是校長抱怨，渲染這個孩子的種種劣跡：他愛惡作劇、跟男生打架、逗女生、對老師無禮、在班上擾亂秩序，

而且愈演愈烈，絲毫沒有改變的跡象。他唯一的優點是：他很聰明，能很快學會各門功課並融會貫通。

霍普斯金太太對湯姆產生了極大的興趣。當她見到她的新學生時，她發表如下講話：「羅絲，你穿的衣服很漂亮。艾莉西亞，我聽說你畫畫很不錯⋯⋯」當她唸到湯姆時，她直視著湯姆，對他說：「湯姆，我知道你是個天生的領導人才，今年我要靠你幫我把這班變成四年級最好的班級。」

在頭幾天，她一直強調這點，誇獎湯姆所做的一切，並評價他的行為正代表著他是一位很好的學生。老師的誇獎使湯姆端正了學習態度。這個9歲的男孩沒有令她失望，他變成了品學兼優的好學生。

當呂士納要影響在法國的美國士兵的行為時，他也採用了同樣的辦法。哈伯德將軍——一位最受人歡迎的美國將軍，曾經告訴呂士納說，按他的意見，在法國的200萬美國兵，是他曾接觸過的最清潔、最合乎理想的人。

過分的稱讚嗎？或許是的，但是且看呂士納如何應用它。

「我從未忘記告訴兵士們哈伯德將軍所說的話。」呂士納寫道：「我一刻也不懷疑它的真實性，但是，即使不真實，哈伯德將軍的意見必然將激勵他們努力達到那個標準。」

有一句古語說：「給狗一個惡名，不如把牠吊死。」但

> 親近人際的祕訣

是給牠一個好名 —— 看有何結果！

差不多每一個人 —— 富人、窮人、乞丐、盜賊 —— 保全所賜予他的這誠實的名譽，他必定會有新生的希望。

監獄長勞斯說：「如果你必須應付盜賊，只有一個可能的方法可以制約他 —— 待他好像也是一個很體面的君子，假定他是規規矩矩的，因之他會有所反應，並把有人信任他引以為豪。」

尊重他人意見

狄奧多‧羅斯福接過總統的權杖後，對新聞界說，如果他的決策能有 75% 的正確率，就達到他預期的最高標準了。像羅斯福這麼一位 20 世紀的傑出人物，最高希望也只有如此，我們更不能自誇了吧？

如果你有 55% 的勝算把握，大可以到華爾街證券市場一天賺 100 萬元。如果沒這個把握，你憑什麼說別人錯了？

不論你用一個眼神、一種說話的聲調、一個手勢或其他什麼方式指責別人，你告訴別人他錯了，他都不會同意你。因為你直接打擊了他的智慧、判斷力、榮耀和自尊心。這會使他想反擊，但是絕不會使他改變心意。即使你搬出所有柏拉圖（Plato）或康德（Kant）的邏輯，也改變不了他的己見，因為你傷了他的感情。

永遠不要爭強好勝地說這樣的話：「好，我證明給你看。」這句話大錯特錯，等於是說：「我比你更聰明。我要告訴你一些事，使你改變看法。」那是一種挑戰。那樣會使雙方劍拔弩張，如臨大敵，刺刀見紅。

親近人際的祕訣

即使雙方都有很好的教養，要改變別人的主意也不容易。我們為什麼要替自己製造難題呢？為什麼要使你自己處在難堪的境地呢？如果你要證明什麼，不要讓任何人看出來，使對方察覺不出來不是更好嗎？

「必須用若無其事的方式教導別人，提醒他不知道的事物好像是他所忘記的。」

義大利天文學家伽利略（Galileo）在 300 年前就告誡我們說：「你不可能教會一個人任何事情；你只能協助他學會這件事情。」

正如英國 19 世紀政治家查斯特‧菲爾德爵士教育他兒子時說的話：「如果可能的話，要比別人聰明，卻不要告訴人家你比他聰明。」

蘇格拉底（Socrates）在雅典對他的門徒說：「我只知道一件事，就是我一無所知。」

你認為自己比蘇格拉底高明嗎？如果回答是否定的，就不要再告訴別人他們錯了。這麼做會有很大收穫。

如果有人說了一句你認為錯誤的話 —— 也許確實是錯的 —— 你用這種說法可能會收到更好的效果：「的確是這樣的！我倒另有一種想法，但是也許不對，我常常會弄錯，如果我弄錯了，我很願意被糾正過來。我們來看看問題的所

尊重他人意見

在吧。」

用這種句子——我也許不對……我常常會弄錯……我們來看看問題的所在——確實會得到神奇的效果。因為無論什麼場合，沒有人會反對你說自己不對。

假如你肯定別人弄錯了，又率直地告訴他，可知結果會怎樣？我舉一個特殊的例子來說明。

施先生是一位年輕的紐約律師，最近在最高法院參加一個重要案子的辯論。案子牽涉到一大筆錢和一項重要的法律問題。

在辯論中，一位最高法院的法官對施先生說：「海事法追訴期限是6年，對嗎？」

施先生講述他的經驗時說：「庭內頓時安靜下來，似乎氣溫一下就降到冰點。我是對的；法官是錯的。我也據實地告訴了他。但是那樣就使他變得友善了嗎？沒有。我依然相信法律站在我這一邊。我也了解我講得比過去都精彩。但是我並沒有使用外交辭令。我鑄成大錯，當眾指出一位聲望卓著、學識豐富的人錯了。」

傑出的心理學家卡爾·羅傑斯（Carl Rogers）在他的書中寫著：

「當我嘗試去了解別人的時候，我發現這非常有價值。

親近人際的祕訣

我這樣說,你或許會覺得很奇怪。我們真的有必要這樣做嗎?我認為這是必要的。我們在聽別人說話的時候,大部分的反應是評估或判斷,而不是試著了解這些話。在別人述說某種感覺、態度或信念的時候,我們幾乎立刻就作出判斷,『說得不錯』、『真是好笑』、『這不正常嗎』、『這不合道理』、『這不正確』、『這不太好』。我們很少讓自己深思熟慮去了解這些話對其他人具有什麼樣的意義。」

有一次,卡內基夫人請一位室內設計師為我家布置一些窗簾。結帳時,她大吃一驚。幾天之後,來了一位朋友,她看到窗簾後,聊起了價格,而後有些打抱不平地說:『什麼?太過分了。我看他占了你的便宜。』

也許她說的是實話,但是卡內基夫人不願意聽別人羞辱自己判斷力的實話。因此,身為一個凡人,她開始為自己辯護。她說貴的東西終究有貴的價值,既有高品質又有藝術品味的東西,你用低價格是買不到的等等。

沒隔幾天,又有一位朋友來拜訪,她對窗簾的稱讚卻使卡內基從心底認為吃了大虧。她說窗簾很好,只可惜她家的財力有限,恐怕享受不起那些精美的窗簾。卡內基夫人的反應完全不一樣了。『說句老實話。』她說:『我自己也負擔不起。我付的價錢太高了,我後悔訂了它們。』

> 尊重他人意見

　　往往我們有了錯誤，只會向自己承認。而如果對方處理得很巧妙而且和善可親，我們也會向別人承認，甚至以自己的坦白率直而自豪。但是如果有人想把難以下嚥的事實硬塞進我們的食道，可能我們就不會願意了。

　　林肯執政時期，哈利斯‧葛里萊激烈地反對林肯的政策。他相信以論戰、嘲弄、謾罵就能使林肯同意他的看法。他發起攻擊，日復一日，年復一年。就在林肯遇刺的那天晚上，葛里萊還發表了一篇尖刻、粗暴、攻擊林肯的文章。只可惜這些惡毒的攻訐從來沒有使林肯屈服過。

　　班傑明‧富蘭克林撰有一本引人入勝的傳記，那是美國一本最著名的古典名著。這本書裡一些有關做人處世、控制自己、增進品格的理想建議，非常值得一讀。

　　在這本自傳中，富蘭克林敘述他如何克服好辯的壞習慣，最終成為美國歷史上最能幹、最和善、最圓滑的外交家的經歷。

　　當富蘭克林還是個毛躁的年輕人時，一位教友會的老朋友把他叫到一旁，嚴厲地訓斥了他一頓，情形大致如下：「你真是無可救藥了。你已經打擊了每一位和你意見不同的人。你飛揚跋扈，驕傲自大，使人難以忍受。你的朋友發覺，如果你不在場，他們會自在得多。你知道的太多了，沒有人能

> 親近人際的祕訣

再教你什麼；沒有人打算告訴你些什麼，因為那樣吃力不討好，又弄得不愉快。因此你不可能再吸收新知識了，但是你的舊知識又很有限。」

富蘭克林的優點是，迅速發現了自己的壞習慣，並加以改正。他已經夠成熟，夠明智，以致能領悟，也能發覺他正面臨社交失敗的命運。那次訓斥使他改掉了傲慢、粗野的習性。

「我為自己定了一條規矩。」富蘭克林說：「絕不正面反對別人的意見，也不武斷發表自己的意見。我甚至不准許自己在文字或語言上措辭太肯定。我不說『當然』、『無疑』等，而改用『我想』、『我假設』或『我想像』，一件事該這樣或那樣，或者『目前我看來是如此』。當別人陳述一件我不以為然的事時，我並不馬上駁斥他，或立即指正他的錯誤。我會在回答的時候，表示在某些條件和情況下，他的意見沒有錯，但是在目前這件事上，好像不太準確等等。我很快就領會到改變態度的收穫；凡是我參與的談話，氣氛都融洽得多了。我以謙虛的態度來表達自己的意見，不但容易被接受，更會減少一些衝突。這樣做的結果是，當我發現自己有錯時，也沒有什麼難堪的場面；而我碰巧是對的時候，更能使對方放棄自己的意見而贊同我。

以我的性格，剛開始實行這套方法時，曾非常不習慣，

> 尊重他人意見

但是久而久之就愈變愈容易、愈變愈使我得心應手了，致使以後的 50 年以來，沒有人聽我講過什麼太武斷的話。（我正直品性下的）這個習慣，是我在提出新法案或修改舊條文時，能得到大家重視，並且在成為民眾協會的一員後，能具有相當影響力的重要原因；因為我並不善於辭令，更談不上雄辯，遣詞造句也非句句準確，還會說錯話；但是一般來說，我的意見還是得到廣泛的支持。」

北卡羅來納州的凱瑟琳・阿爾弗里德，是一家紡紗工廠的工業工程督導。她提出了她如何處理一個敏感的問題：

「我的主要工作是設計及保持各種激勵員工的辦法和標準，以使作業員既能夠生產出更多的紗線，又能賺到更多的錢。在我們只生產兩三種不同的紗線的時候，我們所用的辦法還很不錯，但是最近我們擴大產品專案和生產能量，已能生產 12 種以上不同種類的紗線，原來的辦法便不能激勵她們，更別說增加生產量。

我已經設計出一個新的辦法，能夠根據每一個員工在任何一段時間裡所生產出來的紗線的等級，來給予她適當的報酬。設計出這套新辦法之後，我在一次會議上指出了原來那套辦法的錯誤，並指出他們不能給予員工公平待遇的地方，以及我為他們所準備的解決方法。但是，我完全失敗了。因為我對新辦法太偏愛、太自信，所以言辭太過偏激，沒有讓

親近人際的祕訣

他們能夠不失面子地承認老辦法上的錯誤，於是我的建議也就胎死腹中。

在參加這個訓練班幾堂課之後，我就深深地了解了我所犯的錯，於是我請求召開另一次會議。在這一次會議之中，我改變了我的方法，首先請他們說出最好的解決辦法。在適當的時候，我以低調的建議引導他們按照我的意思把辦法提出來。等到會議終止的時候，大家熱烈討論並通過的方法，實際上就是我第一次提出的辦法。

實踐使我體會到，如果率直地指出某一個人不對，不但得不到好的效果，而且還會造成很大的損害。指責別人只是剝奪了別人的自尊，並且使自己成為不受歡迎的人。」

紐約自由街4號的麥哈尼經銷石油業者接受了長島一位重要主顧的一批訂單。藍圖呈上去，獲得了批准，工具開始製造了。接著，一件不幸的事情發生了。那位買主和朋友們談起這件事。他們都警告他，他已犯了一個大錯。他被騙了，全部都錯了。太寬了、太短了、太這個、太那個。他的朋友們把他說得發火了。他打了一通電話給麥哈尼先生，發誓絕不接受已經開始製造的那一批器材。

「我認真地查驗過了，我方的確無誤。」麥哈尼事後說：「我知道他和他的朋友們都不知所云。可是我覺得，假如這

尊重他人意見

麼告訴他,將很危險。我到長島去見他,一走進他的辦公室,他立刻跳起來,朝我一個箭步走過來,話說得很快。他激動得很,一面說一面揮舞著拳頭。他指責我和我的器材。終止的時候他還說:『好吧,你如今要怎麼辦?』

　　我特別心平氣和地告訴他,我願意照他的任何意思去辦。『你是出錢買東西的人。』我說:『你當然應當得到適合你用的東西,可是總得有人負責才行。假如你認為自己是對的,請給我一幅製造藍圖,即使舊案已經花了 2,000 美元,但是我們願意負擔這筆損失。為了使你滿意,我們寧可犧牲 2,000 美元。但是,我得先提醒你,假如我們照你堅持的做法,你必須負起這個責任。但是假如你放手讓我們照原定計畫進行 —— 我相信原計畫才是對的 —— 那我們可向你保證絕對負責。』

　　他此刻平靜下來了,最終說:『好吧,照計畫進行,但若是錯了,上天保佑你吧。』結論沒有錯,因此他答應我,本季度還要向我訂兩批相似的貨。

　　當那位主顧侮辱我、在我面前揮舞拳頭、說我外行的時候,我真的需要最高度的自制力才不會和他爭論,以維護自己。這確實需要極度的自制,但是結果很值得。如果我說他錯了,開始爭辯起來,很可能要打一場官司,感情破裂,損失一筆錢,失去一位重要的主顧。確實,我深信指出別人錯

135

> 親近人際的祕訣

了是划不來的。」

請看下面這個例子。

克洛里是紐約泰勒木材公司的業務員。他說，多少年來，他曾多次指出那些脾氣大的木材檢驗人員的錯，他也贏得了辯論，但是他的正直和口才沒得到一點好處。「因為那些檢驗員和棒球裁判一樣。一旦裁決下去，絕不肯輕易更改。」

克洛里的性格使公司損失了成千上萬的金錢。後來他意識到了自己的錯誤，決定改變技巧，不再爭論了。以下是他的報告：

「有一天早上，我在辦公室接到一位暴躁憤怒的主顧的電話，他抱怨我們運去的一車木材完全不合乎他們的規格。他的公司已經下令車子停止卸貨，請我們立刻安排把木材搬回去。他說，據他們的木材檢驗員報告，已卸下的四分之一車木材中，55%不合規格。在這種情況下，他們拒絕接受。

我在趕赴對方工廠的途中，一直在思考一個解決問題的最佳辦法。若是以往，我會以我的工作經驗和知識，引用木材等級規則，來說服他們的檢驗員，那批木材超出了水準。然而，這次我改變了做法。

到達目的地後，我發現購料主任和檢驗員悶悶不樂，一

尊重他人意見

副等著吵架的姿態。來到卸貨的卡車旁，我要求他們繼續卸貨，讓我看看情形如何。我請檢驗員繼續把不合規格的木料挑出來，把合格的放到另一堆。

我發現他們把白松當作硬木來檢驗了，另外他們的檢驗也近乎苛刻。我知道那位檢驗員對硬木的知識很豐富，但是檢驗白松卻不夠格，經驗也不多。白松碰巧是我最內行的，但是我對檢驗員評定白松等級的方式提出反對意見嗎？絕對不行。我繼續觀看，慢慢地開始問他某些木料不合標準的理由何在。我一點也沒有暗示他檢查錯了。相反，我一副虛心求教的樣子，說希望以後送貨時，能確實滿足他們公司的要求。

在一種非常友好而合作的氣氛中，我堅持要他把不滿意的部分挑出來，使他高興起來，於是我們之間的劍拔弩張情緒開始鬆弛消散了。偶爾我小心地提幾句，有些他不能接受的木料可能是合乎規格的，而他們所出的價格也只能買到這種貨色。說這些話時，我非常小心，不讓他認為我有意為難他。

在我的謙恭態度感化下，他的立場也發生了轉變。最後他坦白承認，他對白松木的經驗不多，並且問我從車上搬下來的白松板的問題。我就對他解釋為什麼那些松板都合乎檢驗規格；而且仍然堅持，如果他還認為不合用，我們還是全

137

親近人際的祕訣

部拉回去。他終於到了每挑出一塊不合用的木材就有罪惡感的地步。最後他承認，他們並沒有明確他們所需木材的等級。

在我走了之後，他重新把卸下的木料檢驗一遍，全部接受，於是我們收到一張全額支票。」

這個事例說明：運用一點小技巧，以及盡量遏止自己指出別人的錯誤，就可以使一個公司在實質上減少一大筆現金的損失；而所獲得的良好關係，卻不是金錢所能衡量的。

和平運動倡導者馬丁‧路德‧金恩（Martin Luther King）非常崇拜當時美國官階最高的黑人軍官丹尼爾‧詹姆士將軍。有人問他原因，他回答說：「我判斷別人是根據他們的原則來判斷，不是根據我自己的原則。」

在美國南北戰爭的時候，李將軍有一次在南部邦聯總統戴維斯面前，以極為欣賞的語氣談到他屬下的一位軍官。在場的另一位軍官大為驚訝，他說：「將軍，你知道嗎？你剛才大為讚揚的那位軍官，對你可沒有這麼寬容，他一有機會就會惡毒地攻擊你。」「是的。」李將軍回答說：「但是總統問的是我對他的看法，不是問他對我的看法。」

其實，2,000 年前，耶穌就說過：「盡快同意反對你的人。」

尊重他人意見

比耶穌更早的埃及阿克圖國王，為了鞏固他的統治，曾給予他兒子一些精明的忠告。4,000 年前的一天下午，阿克圖國王在酒宴中說：「圓滑一點。它可使你予求予取。」這項忠告，對今天的我們同樣適用。

換句話說，講話要有外交手腕 —— 尊重他人的意見，不要指責對方錯了。也就是說，不要跟你的顧客、另一半或對手爭辯，不要刺激他；即使他錯了，也不能直截了當地戳穿他，而應該穿插、迂迴達到你的目的。

親近人際的祕訣

雙贏人際的藝術

雙贏人際的藝術

用智慧贏得認同

當你和別人交談的時候,不要先討論你不同意的事,要先不停地強調你所同意的事。因為你們都在為同結論而努力,所以你們的不同之處只在方法,而不是目的。

奧佛斯・屈特教授曾說:「『不』的反應是最難克服的障礙,一個人一旦說『不』以後,即使想反悔,也得為先前的自尊付出代價。所以最好的辦法就是一開始就將對方匯入肯定的方向,而不要讓他持否定的論點。」

一個有高超談話技巧的人,往往會在談話開始時,讓對方覺得他的話很有道理,而回答一連串肯定的答案;而且這樣會使對方的心情鬆弛。就好比撞球,只依著球桿的力量前進,等球碰回來的時候,就完全與期待的方向相反了。

當一個人一開始就持否定態度的時候,他全身的神經、肌肉系統則會處於緊張狀態,並欲採取抵制態度來防衛外力的干擾。但是一個人說「是」、「對」的時候,卻是處於鬆弛狀態,它能以開放的胸懷接受新的意見。所以,我們愈能使對方說「對」,就愈能達到說服的目的。

這個方法其實並不複雜，但是大多數人卻忽視了它的重要性。有些人好像還愛專門唱反調來顯示出自己的獨特，這有什麼好處呢？只為了自己高興？也許你會為此而沾沾自喜，但是別夢想它會為你帶來任何幫助。

　　詹姆斯・艾伯森是格林威治儲蓄銀行的一名出納，他就是採用這種辦法挽回了一位差點失去的顧客。

　　「有個年輕人走進來要開個戶頭，我遞給他幾份表格讓他填寫，但是他斷然拒絕填寫某些方面的資料。

　　在我沒有學習人際關係課程以前，我一定會告訴這個客戶，假如他拒絕向銀行提供一份完整的個人資料，我們是很難讓他開戶的。但是今天早上，我突然想，最好不要談及銀行需要什麼，而是顧客需要什麼。所以我決定一開始就先誘使他回答『是，是的』。於是，我先同意他的觀點，告訴他那些他所拒絕回答的資料，其實並不是非寫不可。

　　『但是，假定你碰到意外，是不是願意銀行把錢轉給你所指定的親人？』

　　『是的，當然願意。』他回答。

　　『那麼，你是不是認為應該把這位親人的名字告訴我們，以便我們屆時可以依照你的意思處理，而不致出錯或拖延？』

雙贏人際的藝術

『是的。』他再度回答。

年輕人的態度已經緩和下來，知道這些資料並非僅為銀行而留，而是為了他個人的利益。所以，最後他不僅填下了所有資料，而且在我的建議下，開了一個信託帳戶，指定他母親為法定受益人。當然，他也回答了所有與他母親有關的資料。

由於一開始就讓他回答『是，是的』，這樣反而使他忘了原本所在的問題，而高高興興地去做我建議的所有事情。」

約瑟夫‧艾利森是西屋電氣公司的一位業務代表，他也在訓練課程上向大家報告了他的經歷：

「在我的轄區內有個人，公司一直很想和他做生意。我的前任代表和他接洽了 10 年，可還是沒做成一筆業務。等我接管以後，又與他聯繫了 3 年，還是沒有做成生意。最後，經不住我們一再商談、打電話，終於賣了些發動機給他。既然有了開始，以後就不難再繼續下去。我始終抱定這樣的希望。

3 個禮拜之後，我情緒高昂地再度拜訪他們。接待我的是他們的總工程師，他向我公布了一個驚人的消息：『艾利森，我不能再買你們的馬達了。』

『為什麼？』我驚訝地問道。

『因為你們的發動機太熱了，我不能把手放在上面。』

我知道這時爭論是沒有用的，因為這方面的經驗很多，所以我想了『是』反應的原則。

『啊，史密斯先生。』我說道：『我百分之百同意你的意見，假如那些發動機真的太熱，就不要再多買了。你這裡一定有符合電氣製品公司標準的發動機吧？』

他表示同意，我得到了第一個『是』反應。

『電製品公司一般規定發動機的設計，其溫度可高出室溫攝氏 22 度，是嗎？』

『是的。』他又表示同意，『但是你們的產品還是太熱了。』

『工廠裡的室溫是多少？』我問道，並沒有與他爭辯。

『啊，大概是攝氏 24 度左右。』他回答。

『很難。』我說道：『假如工廠內的溫度是 24 度，則發動機的溫度可高達 24 加上 22 度，也就是攝氏 46 度。假如你把手放在 46 度的水龍頭下，是不是會燙傷呢？』

『是的。』他不得不這樣說，

『很好。』我建議道：『那麼，是不是最好不要把你的手

雙贏人際的藝術

放在發動機上呢？』

『我想你說得一點都沒錯。』他承認。在往後數個月裡，我們又成交了將近 35,000 美元的生意。」

加利福尼亞州奧克蘭的愛迪・史諾先生也談到他如何成為一家商店的主顧。只因那位店主也讓他做了「是」反應。

愛迪對弓箭狩獵很有興趣，因而花了不少錢去添購器材和裝備。有一天，他的哥哥來訪，建議他改用租的方式。於是愛迪到他常常去的店裡詢問。但是店員說他們並不對外租借弓箭。於是愛迪又打電話到另一家店裡詢問，以下是愛迪的敘述：

「是一位愉快的男士接的電話。他聽過我的詢問之後，表示非常遺憾，因為他們店裡已不做這種服務了。然後他問我，是否以前向店裡租借過。我回答：『是的，在好幾年以前。』他提醒我，那時一把弓的租金是否在 25 美元到 30 美元之間。我又回答：『是的。』接著，他問我是不是個喜歡節約的人，我當然回答：『是的。』接著，他解釋道，他們正好有一套弓箭在特價銷售，包括所有小裝備，總價才 30 多美元。那就是說，我只需多付幾美元便不需租借，而可以擁有整套的器材。他同時解釋說，這就是他們店裡不再辦理租借的緣故，因為那樣太划不來了。後來，我當然買下了那

套器材，並且還買了額外的其他東西。從此以後，我成了他們店裡的常客。」

蘇格拉底這位哲人，雖然距離我們已經十分遙遠，但是他的言論在今天依舊充滿了哲理與睿智。

他的祕訣是什麼？他指出別人的錯誤了嗎？當然不是。蘇格拉底的原則、策略是使人放鬆戒備，連連同意你的看法，而在不知不覺中接受你的建議、順服你的要求，達到最終目的。

了解了這種談話技巧，以後當我們要批評別人時，趕快先想想蘇格拉底的心理致勝之道，當使對方放鬆了心理防線時，我們的目的就自然而然地達到了。有一句格言最能反映東方人的智慧——以柔克剛。

雙贏人際的藝術

找出共同點

　　許多人為了使別人同意自己的觀點，往往把話說得太多了。尤其是業務員，常犯這種划不來的錯誤。盡量讓對方說話吧，他對自己的事業和他的問題了解得比你多。所以閉上你的嘴，讓別人把該說的話說完。

　　即使他說得不對，你也盡量不要打斷他，因為那樣做很危險。當他有許多話急著想說出來的時候，他是不會理你的。因此你要耐心地聽著，抱著一種開放的心胸——要做得誠懇，讓他充分地感覺到你的善意。

　　很久以前，美國最大的一家汽車工廠正在接洽採購一年中所需要的坐墊布。參加競爭的 3 家有名的廠商已經做好樣品，並接受了汽車公司高級職員的檢驗。然後，汽車公司發通知給各廠，讓各廠的產品來參加最後一次的競爭。

　　有一位來到汽車公司的廠家代表 R 先生正患著嚴重的咽喉炎。R 先生在我的訓練班中敘述他的經歷：「當我參加高級職員會議時，我的嗓子啞得厲害，幾乎不能發出聲音。我被引進辦公室，與紡織工程師、採購經理、推銷主任及該

公司的總經理洽談。我站起身來,想努力說話,但是我只能發出尖銳的聲音。

大家都圍桌而坐,因此我只好在本上寫了幾個字:『諸位,很抱歉,我嗓子啞了,不能說話。』

『我替你說吧。』汽車公司總經理說。最後他真的替我說話了。他陳列出我帶來的樣品,稱讚它們的優點,因此引起了在座其他人活躍的討論。那位經理在討論中一直替我說話,我在會上只是做出微笑點頭及少數手勢。

令人意外的是,我獲得了那筆合約,訂了 50 萬碼的坐墊布,價值 160 萬美元──這是我獲得的最大的訂單。

我明白,是嗓子幫了我的大忙,要不是我實在無法說話,我是無法爭取的,因為我對於整個過程的考慮是錯誤的。經過這次經歷,我真的發現,讓他人說話,有時比自己說話價值大得多。」

電氣公司的業務員范勃對此也深有同感。那是范勃先生在賓夕法尼亞州做農業考察時的一次經歷。

「為什麼這裡的人不用電呢?」他經過一家整潔的農家時向該區代表問道。

「這裡的人都是吝嗇鬼,你不可能讓他們買下任何東西。」區代表有些無奈地回答說:「並且他們對電氣公司很

感冒。我曾經試過多次,毫無希望。」

雖然沒有希望,范勃還是決定試一試。他走過去叩響了一戶農家的門,門只開了一小縫,老羅根保夫人探出頭來。

范勃講述說:「她一看見公司代表,就當著我們的面把門一摔。我再叩門,她又把門開了一點,告訴我們她對我們及公司的看法。我謝了她,她探出頭來懷疑地望著我們。

『我曾注意你的一群很好的都敏尼克雞。』我說:『而我想買一打新鮮雞蛋。』

門又開啟一點。『你如何知道我的雞是都敏尼克雞?』她的好奇心好像被激發起來。

『我自己也養雞。』我回答說:『但是從未見過比這更好的一群都敏尼克雞。』

『那你為什麼不用你自己的雞蛋?』她還有些懷疑。

『由於我的來亨雞生白蛋。你是會烹調的,自然了解在做蛋糕時,白蛋不能與褐蛋相比。我的妻子以她所做的蛋糕自豪。』

聽了我的話,羅根保夫人走了出來,來到走廊中,態度也溫和多了。我環顧周圍,發現農場中有一個很好的牛奶棚。

我靈機一動,恭維她說:『我敢打賭,你用你的雞賺錢,

找出共同點

比你丈夫用奶牛賺的錢還要多。』

我的話使羅根保夫人非常高興,她當然希望自己能賺更多的錢!可惜她不能使她頑固的丈夫承認這一點。

接著,她請我們參觀她的雞舍。在我們參觀的時候,我留意她所造的各種小設備。我介紹了幾種食料及幾種溫度,並在幾件事上徵求她的意見。沒多久我們就很愉快地交換了經驗。

走出雞舍後她說,她的幾位鄰居在他們的雞舍裡裝置電燈,據說效果很好。她徵求我的意見,她是否可以採取這種辦法。

半個月之後,羅根保夫人的都敏尼克雞也見到了燈光,牠們在燈光的助長之下叫喚著、跳躍著。我得到了我的訂單,她也能多得雞蛋。雙方滿意,全體獲利。

可以想像,假如我不先將她誘入圈套,我是永遠不能把電器賣給這位守財奴式的荷蘭婦女的。」

讓對方自己說話,不僅有利於在商業方面贏得訂單,而且有助於處理家庭當中的一些糾紛。

例如,芭芭拉·威爾遜和她的女兒洛瑞的關係迅速惡化。洛瑞以前是個乖巧、快樂的小孩,但是到了十幾歲時,卻與母親矛盾增加,不與母親合作,有時會為自己辯護。威爾遜

> 雙贏人際的藝術

夫人曾用各種辦法威嚇、教訓她，但是無濟無事。

威爾遜夫人在班上說：「我放棄了一切努力。洛瑞根本不聽我的話。有一天，家事還沒做完就去找她的朋友玩。她回家後，我照例罵了她一頓。但是我已經沒有力氣了，我傷心地對她說：『為什麼會這樣呢？洛瑞？』

洛瑞看出了我的痛苦。她平靜地問我：『你真的想知道？』我點點頭。於是她告訴我一切情況：我從來沒想聽她的意見，總是命令她該做這做那；當她想與我談心時，我總是打斷她，並命令她。

我開始意識到，她其實很需要我──不是一個愛發命令的、武斷的母親，而是一位親密的朋友，使她可以傾訴煩惱和鬱悶。而我過去卻從來沒有聽她說過她自己的事。我在該聽的時候，卻只顧說我自己的。

從那次交談以後，我總是讓她暢所欲言。我和她成了好朋友，她告訴了我她的心事，我們的關係大大改善。她也再次成為一個願意合作的孩子。」

紐約《先鋒導報》的經濟欄位中刊登了一幅巨大的廣告，聘請一位有特殊能力和經驗的人。查爾斯·科勃立斯應徵了，他將應徵資料寄到了某個信箱。幾天以後，他接到了回信，約他面談。在他去面談以前，他在華爾街花了許多時

找出共同點

間打聽那個公司老闆的有關情況。在面談的時候，他說：「如果能在你這家有著不凡經歷的公司做事，我將十分自豪。我聽說你在 28 年前開始建立這家公司時，什麼也沒有，除了一張桌子、一間辦公室、一位速記員。那是真的嗎？」

差不多每個成功的人，都喜歡回憶他早年的創業史。這個老闆也不例外。他談了許久，例如他如何依靠 450 美元現金及富有創意的思想開始營業。他還講了他如何與失望、譏笑鬥爭，如何在星期日及節假日照常工作，每天工作 12 至 16 個小時，以及他最後如何戰勝所有的厄運。而現在，華爾街的一些人也都到他這裡來求教，他對自己的過去感到自豪。他有這種自豪的權利，並且很高興地講述這些事。

最後，他簡單地問了問科勃立斯的經驗，然後把一位副總統理叫進來，並說：「我想這就是我們正在尋找的人。」

科勃立斯先生曾花費許多時間去調查他未來的老闆的成就，而且對老闆及老闆的問題表示了明顯的興趣。他鼓勵對方多說話，因此留給對方非常深刻的印象。

加利福尼亞州的洛伊・布萊德雷，正好採取了類似的方法來處理一件相反的事。在處理這件事情時，他只是靜靜地聽著，讓一個很適合擔任推銷工作的人做一番自我說服工作，並由這個人來負責他公司的某項工作。

雙贏人際的藝術

洛伊講這件事時說:「理查‧普雅爾具有擔任這項工作的經驗。他先是和我的助手面談,我的助手把這項工作所有的不利之處都告訴了他。當他走進我的辦公室時,好像無精打采的樣子。但是我對他實際上也是一個老闆。

當他分析了各方面的有利之處以後,他拋棄了一切不利的想法。在他談話的過程中,幾乎常常是在對自己說那些話。不過,當面談結束時,我認為他已經說服了他自己,並決定來我公司工作。

由於我當了一個合格的聽眾,使理查有機會暢所欲言,可以在內心權衡,並作出了有利的結論。這正是他對自己的一次挑戰。因此,我錄用了他,而他也成為我們公司傑出的代表。」

我們都重視自己,喜歡談論自己。即使你最好的朋友也不願聽你嘮嘮叨叨的在那兒自吹自擂。

法國的哲學家羅西法考說得好:「如果你想樹立敵人,只要處處壓過他、超越他就行了。但是,如果你想贏得朋友,你就必須讓朋友超越你。」

這其中有什麼差別呢?當朋友優於我們、超越我們時,可以帶給他一種優越感。但是當我們壓過他們,凌駕於他們之上時,他們就會產生自卑感,最後還有可能導致嫉妒與

> 找出共同點

仇恨。

在紐約市中區人事局，與別人關係最融洽的工作介紹顧問是亨麗塔女士。但是在過去，情況可不是這樣的。當亨麗塔剛到人事局時，她有好幾個月都沒有在同事中交到一個朋友。原因何在？因為她每天都只是吹噓自己，例如她在工作上的業績、她在銀行新開的戶頭以及她所做的每一件事。

「我的工作做得確實不錯，我一直感到很驕傲。」亨麗塔在我班上說：「但是我那些同事不但不願與我分享我的成就，而且好像還很不高興。我渴望得到這些人的喜歡，真的想使他們成為我的朋友。在我上了這種輔導課之後，覺得這些建議很不錯，於是我開始少談我自己，而多聽我的同事說話。其實，他們也有許多值得誇耀的事，把他們的事情告訴我，比聽我吹噓自己更讓他們高興。現在，每當我們在一起聊天時，我就會讓他們告訴我他們的好事，以便讓我與他們共同分享。只有他們問我的時候，我才略微說一下我自己的情況。」

德國人有一句俗語，翻譯出來大意是：「最大的快樂，便是從我們所羨慕的強者那裡發現弱點，從而得到滿足。」

是的，你某些朋友會從你的挫折中，得到比你的成功中更大的滿足。

雙贏人際的藝術

　　所以，讓我們弱化自己的成就，我們應該謙虛，這樣才會使人永遠喜歡你。埃文・考伯的方法是正確的。有一次，一位律師在證人席上對考伯說：「考伯先生，我聽說你是美國最著名的作家。對不對？」

　　「我不過是名不符實罷了。」考伯回答說。

　　我們應該謙虛，因為你我都沒有什麼了不起的。你我都會死去，在百年之後完全被人忘得一乾二淨。生命如此短暫，我們不應對自己那小小的成就念念不忘，使人厭煩。相反，我們要鼓勵別人多說話。想想吧！無論怎樣，其實你也沒有多少東西可以吹噓的。你知道是什麼東西才使你不至於成為白痴的嗎？這並不是什麼了不起的東西，只是你甲狀腺，取出那一點碘，你就會成為白痴了。花 5 美分就可以在街邊上的藥店中買到的一點兒碘，正是使你不至於走進神經病院的東西──只值 5 美分的碘；那並沒有什麼可以吹噓的，是不是？

激發高尚動機

密蘇里州曾出過一個劫車大盜傑西・詹姆斯(Jesse James)，詹姆斯的故鄉基尼 —— 傑西・詹姆斯的兒子仍然住在那個地方。

傑西的妻子告訴人們傑西如何搶劫火車及銀行，然後把搶來的錢分給鄰近的農人，讓他們把銀行的貸款付清。

大概傑西・詹姆斯把自己當作了一名劫富濟貧的理想主義英雄。兩代之後的杜奇・舒爾茲(Dutch Schultz)、「雙槍手」克羅雷以及艾爾・卡彭(Al Capone)也都存在著這種想法。

事實上，你所遇見的每一個人 —— 甚至你在鏡子中看見的那個人 —— 總是把自己看得很高，在做自我評價時，總認為自己是個大好人，而且公正無私。

J・P・摩根在一本著名的著作中說，一個人去做一件事，通常是為了兩種原因：一種是真正的原因，另一種則是能夠掩蓋其真正動機的，聽起來也很動聽的原因。

每個人都知道那個真正的原因。但是，我們每一個人在

心裡都是理想主義者,總喜歡想到那個好聽的動機。因此,為了改變人們,就要挑起他們的高貴動機。

要實行這一點,可能有點因難,但是也不是沒有一點希望。先讓我們看看再說。賓西法尼亞州的法里爾、米契爾公司的漢彌爾頓‧法里爾先生有一個對房子很不滿意,並且威脅要搬家的房客。這位房客的租約還有4個月才到期,每月房租是55美元;儘管租約尚未到期,他卻通知法里爾先生,他馬上就要搬出去。法里爾向我們講述了他的做法:

「這個人已在我的房子內度過整個冬天 —— 也就是一年當中房租最貴的一段時期。我知道,要在秋天之前把公寓再租出去,是相當困難的。他假若真搬走,我將會損失220美元。

面對這種情況,一般會對那位房客奮力展開挽救行動,勸告他把租約再細看一遍。若他不聽勸告,執意要搬,我則有權勒令他立即滾蛋,而他的房租餘款我將收歸己有。

不過,我並沒有那樣衝動,因為關係到220多元美金,所以我決定試試其他策略。那天我專門找到他說:『我已經聽過你的話了,我仍然不相信你打算搬走。從事租賃業多年,已使我學會了觀察人們的本性,我早就發現你不是那種朝三暮四、不信守諾言的人,對你的這種品格我深信不疑,

激發高尚動機

因此，我很情願來冒個險。

現在，我有一個建議，把你的決定暫時擺在桌上幾天。仔細想一想，如果你在月初房租到期之前來見我，並告訴我你仍然打算搬家；我向你保證，我一定接受你這項決定，絕不會阻撓你。不過，我仍然相信你是一個遵守諾言的人，你一定會住到租期屆滿為止。畢竟，我們是有感情的人，而非其他動物——這項選擇全在我們自己！』

說這話時，我感情真摯，面帶笑容，而那人也聽得連連點頭。當新月分來到時，這位先生親自來把房租付清。他說，他和他太太討論過了，決定再住下去。他們已經獲得一項結論——唯一的光榮作法，就是住到他們的租期屆滿。

有一次，一家報紙刊登了諾德・諾斯克利夫的一張照片，而他極不願將這張照片公布於眾，於是他寫了一封信給編輯。他並沒有說：「請你不要再刊登我那張照片，我不喜歡它。」不，他沒有那樣做，而是將不願公開的理由訴諸於一項高貴的動機。他訴諸於我們每個人對母親的尊敬及喜愛的心理。他寫道：「請不要再刊登我那張照片，我母親不喜歡那張照片。」

當約翰・洛克斐勒（John Rockefeller）希望阻止報社的攝影記者拍攝他孩子的照片時，他也同樣藉口於一項更高貴

159

的動機。他沒有直接阻止記者的行動，而是喚醒我們每個人心中避免傷害小孩子的那種欲望。他說：「你們都知道小孩子的脾氣。你們之中，某些人自己也有小孩子。你們都知道，小孩子太出風頭並不太好。」

希魯斯·克帝斯，這位來自緬因州的窮小子，經過一番奮鬥後，終於成為百萬富翁，擁有《星期六晚郵》和《婦女家庭月刊》。當他剛開始創業時，付不起像別家雜誌社那樣高的稿酬，無法請第一流的作家為他的雜誌寫稿。萬般無奈之下，他只好利用人性的弱點，激發起他們的高貴動機。例如，他甚至說動了《小婦人》(*Little Women*)的不朽作者露意莎·梅·奧爾柯特(Louisa May Alcott)小姐為他寫稿，當時她正聲名大噪；而他只是以她的名譽把一張100美元的支票寄給她最心愛的一項慈善事業。

有些讀者可能對上述作法不以為然：「哦，這套把戲對諾斯克利夫和洛克斐勒或是一位重感情的小說家來說，當然行得通。但是，我若把這一套實行在我必須向他們討帳的那些粗魯的傢伙身上，恐怕難以見效。」

對這類人確實沒有嘗試過。因為沒有一件事是可以適用於任何情況的，也沒有一件事對所有的人都有效。如果你對目前的結果已經感到滿意，那為什麼要改變？如果你不滿意，那麼你試試這種做法也無傷大雅。

激發高尚動機

下面是詹姆斯・湯瑪斯講的真實故事：

某家汽車公司的6位顧客拒絕付服務費。並非每一位顧客都對整個服務費表示拒付，而是每人都宣稱他有某一項帳目發生錯誤。每一位顧客，在每項服務工作完成時都曾簽字，於是，公司了解那些服務工作的確做過了，他們就如此對顧客說明——這是第一個錯誤。

以下就是該公司貸款部人員催討這些過期帳款的步驟：

第一，他們分別拜訪每一個顧客，直截了當地告訴他，他們是來收取一項早已到期的帳款。

第二，他們明確表示，公司是絕對並且無條件地正確的；於是，他——顧客——是絕對無條件地錯了。

第三，他們暗示，公司對汽車的了解比他要深得多。於是，那還有什麼好吵的？

第四，結果是：他們吵了起來。

這些方法能否令顧客感到滿意而使帳款獲得解決？這個問題你能夠自己去回答。事情演變到這種地步，貸款部經理打算打官司。幸好，這件事引起了總經理的注意。他調查了這些欠帳的顧客，發現他們從前都是很快就把帳付清，享有很好的名聲。這裡面一定有什麼問題——收款的方法有很大的錯誤。因此，他把詹姆斯・湯瑪斯召到面前，叫他去收

取這些「無法收回的帳」。

以下就是湯瑪斯先生所採取的方法：

「第一，我去拜訪每一位顧客。」湯瑪斯先生說：「同樣也是為了要收取一項早已到期的帳款——同時我們了解這款項絕對沒錯。但是我根本不提這些。我解釋說，我奉命來檢視公司做了些什麼，或什麼事忘了做。

第二，我明確表示，在我聽完顧客的說明之前，我沒有什麼意見。我告訴他，公司並不是絕對正確。

第三，我告訴他，我只對他的車子有興趣，他對自己車子的了解比世界上其他任何人都要深；他是這方面的權威。

第四，我讓他盡量說話，而我認真傾聽他說話，表現出很有興趣並且同情的樣子，這正是他所需要的——也是他所希望的。

第五，最終，當這位顧客處於一種合適的心理狀態時，我使他認為這是筆公平交易。我訴諸於他的高貴動機。我說『首先，我希望你了解，我也覺得對這件事我們處理不當。我們公司的一名代表曾為你帶來了不便，使你覺得生氣。對此我很抱歉。身為公司的一名代表，我特別在此鄭重向你道歉。我在這裡坐了這麼久，也聽了你對此事的說明，使我不禁對你的公正和耐心留下深刻印象。

如今，基於你既公正又有耐心，我想請求你為我做件事。這件事你可以做得比其他任何人都好，也比其他懂得更多。這裡有一張你的帳單；我知道，假如我請求你對這張帳單作一番估價，這對我來說是最好不過了。我想，假如你是我們公司的董事長，你也會這麼做的。我讓你全權決定。你說多少，就算多少。』」

　　他是否估了那些帳單？他當然那麼做了，而且慷慨得很。那些帳單分別從 150 美元到 400 美元不等 —— 那些顧客是不是都付出了最高額？不錯。其中有一個對某項有問題的專案堅決拒付一分錢；但是另外 5 個人全都付出最高額！最妙的還在後頭呢 —— 在以後兩年之內，這 6 位顧客都向他們訂購了新車。

　　湯瑪斯先生說：「經驗告訴我，在尚未獲得顧客的確實資訊之前，最安全的方法就是假設他是誠實、正直的。如果使他相信他是對的，他就會心甘情願而且急於把欠款付清。」

　　以另一種可能更清楚的說法來說，人們都很誠實，而且希望推卸他們的責任。這項規則的例外很少，並且我深信，那些喜歡詐騙的人在大部分案例裡反而會有更有利的反應，只要你能使他覺得你認為他誠實、正直和公正。

雙贏人際的藝術

挑戰自我思想

　　有一次，查爾斯・施科伯手下一位工廠經理來向他求教，因為他的工人無法完成生產任務。

　　「怎麼回事？」施科伯問道：「像你這樣能幹的人，竟無法使工人發揮工作效率？」

　　「我不知道。」這位經理回答說：「我曾以利誘導他們，我曾鼓動他們，我也曾起誓、責罵，甚至用開除來威脅他們，但是無論怎樣都不管用，他們就是不願工作。」

　　當時正巧日班剛結束，夜班即將開始。

　　「給我一支粉筆。」施科伯說。然後轉向最近的一個工人問道：「你們這班今天生產了幾臺產品？」

　　「6臺。」

　　施科伯一聲不響，隻字未提，只用粉筆在地上寫了一個大大的「6」字就走了。

　　當上夜班的工人進來時，看見了這「6」字，就問是什麼意思。

挑戰自我思想

「大老闆今天來了這裡。」上日班的工人說：「他問我們做了幾臺產品，我們告訴他 6 臺，他便在地板上寫下了這個數字。」

次日早上，施科伯又來到這家工廠，發現夜班工人已將「6」字抹去，換上了一個大大的「7」字。

早上，日班工人來上班的時候，當然看見了那個大大的「7」字寫在地板上，就猜想夜班工人是要證明他們比日班強，是不是？那好，他們決定給夜班工人一點兒顏色看看。於是，他們熱烈地加緊工作，在那天下班時，留下了一個神氣活現的「10」字。從此以後，工廠的情況逐漸好轉起來。

不久，這家生產一度落後的工廠，比公司裡的任何其他一個工廠生產得都要多。

原因在哪裡呢？

且用施科伯自己的話來說：「使生產能圓滿完成的方法，就是要激起競爭。我並不是指鄙賤、謀利的競爭，而是超越對手的欲望。」

超越他人的欲望！挑戰自己的極限！這是激勵人的精神的切實可行的方法。

如果不是別人的挑戰，狄奧多·羅斯福不會當上美國總統。當時，這位英勇的騎士剛從古巴回來，就被推選出來

競選紐約州長。當反對黨人發現他並不是那個州的合法居民時，羅斯福慌了，想退出競選。於是湯瑪斯‧普拉特激勵他，突然轉向羅斯福，大聲叫道：「難道你這位聖巨思山的英雄，竟是一個懦夫嗎？」

於是，羅斯福接受了挑戰，繼續奮鬥下去，這才改寫了後來的歷史。這項挑戰不只改變了羅斯福的一生，同時也對美國的歷史產生了重大的影響！

「每個人的骨子裡都有畏懼的成份，但是勇敢的人把畏懼置之腦後，而勇往直前，結果有時通往死亡，但是更多的是通向勝利。」這是古代希臘帝王侍衛的誓言。沒有什麼能比克服困難帶來更大的挑戰性。

泛世通輪胎及橡膠公司的創始人哈維‧泛世通（Harvey Firestone）說：「僅用薪水是留不住好員工的。我認為，是工作本身的競爭使員工產生了興趣。」

行為科學家弗雷德里克‧赫茨伯格（Frederick Herzberg）對這種說法也表示贊同。他曾研究了數千名從工廠作業員到高級經理的工作態度。你想像不到他發現激勵工作的最大因素是什麼，是具有刺激性的工作？還是鈔票？亦或是良好的工作環境？福利待遇？這些都不是，完全不是。激勵人們工作的主要因素之一是工作本身。只有感覺工作本身有趣和令

人興奮,做這項工作的人才會渴望去做,而且才會竭盡全力把工作做好。

每個成功者所喜愛的是:競爭和自我表現的機會,顯示他自己的價值,超越和獲勝的機會。有精神、有勇氣的人都希望超越別人,希望獲得一種被人重視的感覺。

雙贏人際的藝術

以成熟贏得信任

　　《紐約時報》(*The New York Times*)曾刊載了一篇伊薩克‧普萊斯勒的訪問記。普萊斯勒先生白天在一家百貨公司當銷售員，晚上接受高中教育，4年之後，進入布魯克林學院夜校就讀，計劃完成大學教育，繼續研究法律。在大學一年級英文課第一篇名為〈快樂是什麼〉的作文中，普萊斯勒先生寫道：「對我來說，取得高中文憑，進入大學，然後期待成為一名律師，這就是快樂。」

　　「光是期待就給了我內心無比的快樂。」普萊斯勒先生說：「大學要5年或更長的時間，全看我學習的情況而定，然後進法律學院學習5年。」

　　這對年輕人來說，是個非常有抱負的計畫。你是否也這樣認為？請各位讀者注意一個事實，伊薩克‧普萊斯勒就在進大學之前剛過完60歲生日。不過他卻堅信，對成熟的人來說，學習是一種任何年齡都可以進行的快樂經驗。

　　教育並不只局限於校園內，或正式的一套課程。

　　哈佛大學前校長A‧勞倫斯‧羅威爾(A. Lawrence Lowell）博士曾經說過：「大學或教育訓練制度最多只能教會我們如何幫助自己，亦即最後我們都得教育自己。教育是一種成長的過程，一種透過心靈自發的運動，使得心靈擴充發展的過程。」

一旦了解了這一點，教育和自我改善，便成了生命中任何階段都可以追求的令人興奮的經驗。沒有比發展出能在晚年繼續汲取知識的熱情更好的投資了。

美國最受人喜愛的新聞評論播報員羅威爾之父羅威爾‧湯瑪斯博士非常可愛、迷人。湯瑪斯博士是一位文化修養高深的紳士，聰慧、好研究，又興趣廣泛。諾曼‧文森‧皮爾博士（Dr. Norman Vincent Peale）談到湯瑪斯博士晚年去拜訪他時說：「儘管他的體力已經衰退，但是心靈還是像以往一樣敏銳、靈通。」見面寒暄後，湯瑪斯博士對皮爾博士說：「諾曼，你對亨利八世（Henry VIII）有什麼看法？」

皮爾博士有點驚訝地承認他對亨利八世沒有什麼研究。湯瑪斯博士說：「我最近一直在研究這位君王。我認為，歷史學家沒給他公正的評價。」接著他繼續親切地說出他自己對亨利八世的看法。

儘管湯瑪斯博士的身體已經被拘囿在病房裡，但是心靈仍生龍活虎，而且涵蓋了好幾個世紀。

心靈是我們組織中最重要、最基本的一部分，如果我們悉心加以滋養、運用，它就會成長；如果它得不到滋養，就會發育不良，而且會因為缺乏運用而萎縮。

只讓心靈暴露於教育的影響之下仍然是不夠的，必須加以應用，讓它對這些影響做出反應。我們可以加入讀書俱樂部，去聽課、聽歌劇、聽演講，但是這些除了會在聚會中增加一些閒談的話題之外，沒有更為深沉的目的或成果，任何人都可以因此裹上一層薄薄的文化外衣，然後像星期天的衣服一樣隨意穿脫。但是，就在這層薄薄的文化外衣底下，心靈仍然可能像以往一樣不成熟、尚未發展。

知識的活動只有適當的、一個實實在在的理由 —— 使得心靈能夠成長。就像身體一樣，心靈也只有加以運用才會成長。

路易斯·曼福德曾經描述過我們在教育方面應該努力的一些目標：

「文化是一切實際活動的目的。成熟的心靈、成熟的人格，逐漸增加的通達和成就感，個人在社會人格方面一切能力較高的組合，較為廣泛的知識興趣和感情上的快樂……」

這些應該是自我改善每一階段中的終極目標。

一個人如果不能擴展自己的興趣，可能只會被遺忘在自

己的狹小世界裡。他們也許會抱怨「太遲了」、「太老了」，他們把年齡當做生命的終點一樣地接受。然而，對於想要學習的人來說，生活是永無止境的一系列精神旅程。

從前大學很少，距離又遠，學費也很昂貴，因此，只有少數人讀得起，甚至書籍也不容易買到，而夜校這個詞更是連聽都沒聽說過。現在恰恰相反，任何想受教育的人都可以如願以償，祖母拿到大學學位不再是什麼稀罕的事了。

德克薩斯州一位律師的妻子辛辛苦苦養育了5個兒子，讓他們受大學教育和技術訓練，看著他們成為專業和生意上的領導者。當最小的兒子大學畢業找到工作後，這個已50多歲，並且做了祖母的女士便進入德克薩斯州州立大學進修，4年後，她以優等成績畢業。

現在，儘管她已70多歲，是個寡婦，但是可別把你的同情心虛擲在她身上！她機敏、可愛，為社區忙碌工作，朋友和仰慕者多得讓她不知該怎麼應付；對於接觸到她的每一個人來說，她都是一個具有激勵啟發性的人物。她的兒子、媳婦和孫子女非常敬愛她，珍惜她去看他們的每一次機會，雖然這種機會不多。如今，她正在享受成熟的心靈所帶來的豐碩成果。

喬治・蓋洛普（George Gallup）── 美國輿論調查機構

雙贏人際的藝術

的創始人和羅德獎學金紐澤西州委員會的主席——說:「現在有很多人拿到文憑以後就不再學習了。學習應該是個從出生到死亡一直持續不斷的過程。」

大學能為我們做的只是提供研究學習的時間和場所,其餘必須自己來做。因此,不管受過多少學校教育,擴展心靈以防晚年孤寂無聊的第一步,是了解「活到老,學到老」的深刻內涵。

但是,對於那些無法上大學或夜校,卻渴望自我改進的人該怎麼辦呢?

很簡單,他可以自修。英國工黨的傑出領導人赫伯特·莫里森(Herbert Morrison)談到他 15 歲在倫敦一家雜貨店當工讀生的事。他認為那是他所聽過的最佳忠告。一個街角的算命師替他看面相,然後問他看些什麼書。「大多是血腥的謀殺案的書和短篇小說。」莫里森說。他指的是書報攤上一個硬幣一本的恐怖小說。

「看無聊的書總比什麼都不看的好。」那個算命師說:「但是你的頭腦太好了,不該只看那種書。為什麼不看一些比較好的書——歷史、傳記?喜歡什麼就看什麼——但是要養成嚴肅的閱讀習慣。」

算命師的忠告成為莫里森一生的轉捩點。這件小事使他

明白，雖然自己只讀過小學，還是可以透過閱讀來教育自己。莫里森開始上圖書館苦讀，終於使他在英國下議院的生涯成為可能的事。「過去我花幾個小時聽收音機、看電視。」他說：「但是從沒有一個節目的價值可以抵得上一本好書。」

根據美國輿論調查機構的調查，美國的讀書人數正在逐漸減少，好多美國人一整年讀不到一本書。在接受調查的人中，10個人中有6個人說他們除了聖經之外，不曾讀過一本書，甚至每4個大學畢業生就有1個做出同樣的回答。

我們把心靈荒廢到如此地步！儘管豐富的知識寶庫對所有的人敞開，好書又多又便宜，圖書館的大門為所有的人開放，但是，我們卻讓心靈挨餓，或餵以通俗地攤文學的稀粥，甚至更低下的食物——畫刊。在物質上，我們擁有世界上最高的生活水準；在知識上，我們卻貧乏得可憐。

在書本裡，貯存著許多成就個人的知識和智慧。我們想學的、想知道的，都在圖書館、書店或朋友的書架上靜靜地等待著我們。透過書籍，我們能與一些最偉大的心靈相通；也只有透過書籍，我們才能往來古今，擺脫時間和空間的限制，活在心靈所創造出來的三維空間裡。

紐澤西州國中教師兼閱讀專家法蘭克・詹寧斯曾說：「文學經驗是人類生活中最深遠的心靈塑造大師之一。它也許透

> 雙贏人際的藝術

過篝火晚會、說書人使得文化生生不息;它使得我們還能得到幾千年前的柏拉圖和耶穌的教導;它將心靈和時間結合在一起,讓我們更好地管理和控制宇宙;它就像『善』這個觀念一樣抽象,卻又如門閂一樣精確、實際;它是使人類高尚優雅的黃金之路。」

確實,人類精神的花朵,人類智慧、希望和抱負的精髓等等一切都在白紙黑字的偉大書籍裡。即使我們了解各時代的偉人本人,也仍無法像透過書籍那樣真正地了解他們。我們可以跟蘇格拉底一起散步或跟珀西·比希·雪萊(Percy Bysshe Shelley)一起做夢;跟蕭伯納(George Bernard Shaw)爭論或跟馬克·吐溫(Mark Twain)一起開懷大笑。與這些偉大的心靈交談,這是大多數人夢寐以求的事。但是,就在這個偉大的國度裡,只要我們跑到最近的一家圖書館去,就能獲得這種珍貴的經驗。

我們被自身的一些先天因素限制在宇宙中一個狹窄的空間裡。60 年或 70 年,甚至 90 年的時間和永恆比較起來算得了什麼?如果我們把自己也局限起來,單憑我們對於人類和在這星球上的有限經驗,還能知道些什麼呢?沒有書籍以及對知識的渴望,我們就注定要活在現在這個小小的單元裡。

羅馬帝國時代的人是如何思考的呢?倫敦在可怕的瘟疫

以成熟贏得信任

時期是什麼樣子的情形？透過書籍，我們都能了然於胸。書籍帶給我們的不是冷酷的事實，而是活生生的人類經驗。

俄國可謂是一個謎一樣的國家，但是在讀過了費奧多爾‧杜斯妥也夫斯基（Fyodor Dostoevsky）、伊凡‧屠格涅夫（Ivan Turgenev）和列夫‧托爾斯泰（Leo Tolstoy）的小說之後，我們也可以看到一個慢慢從內部腐爛的國家，這些偉大的藝術家所記錄的腐敗的種子最後終於開出了血淋淋的革命花朵。在這些過去的偉大作品中，我們找到了多麼令人興奮的借鑑！

H‧G‧威爾斯（H. G. Wells）曾經寫道：「我絕不相信H‧G‧威爾斯的身體或他這個人是永恆不朽的，但是我卻堅信，思想、知識和意志的成長過程是永恆不斷的。」

如果我們把更多的寶貴時間用在不朽的書籍上，那就會更好。時間會將二流的書籍淘汰掉，保留下來的都是世界上人類思想和經驗的精華。如果要適當評估目前我們在時間和宇宙中的地位，我們就必須先對自己怎麼會處在這種地位上有些了解。

真正的好書應是歷經歲月的考驗而常新的，不是那些僅能維持數週的暢銷書。一向不喜歡「本週暢銷書」這個標題的狄奧多‧羅斯福曾經寫道：

175

> 雙贏人際的藝術

「我寧可見到的是『前年暢銷書』這個標題。前年的書到現在仍然引人注意,那可能還值得一讀,但是一本只配稱為本週暢銷書的書最好是馬上丟進垃圾桶裡去。

讀《戰爭與和平》(*War and Peace*)可能要花掉比讀一本新小說長得多的時間,但是,《戰爭與和平》將滲入你的生命裡,一輩子陪伴著你,使你樂在其中,時時感到愉快、有趣。你會將它傳給子孫。而當你年老時,它會發射出更新的美和價值的光芒,因為你已經成熟,具有敏銳的洞察力。

一旦你投入到這種發現的旅程,就會明白什麼叫『成熟的心靈』。我自己的閱讀生涯就完全未經計劃,信手拈來就讀,往往充滿了意想不到的驚奇,而且收穫非同小可。我就像一個初次出國的旅遊者,毫無準備地在陌生的國度裡漫遊;在凝視希臘雅典女神神殿或埃及金字塔時,內心感到一種發現的異乎尋常的興奮,因為沒有準備反而增添了快樂。」

閱讀偉大的書籍是通往自我改進、促進知識上成熟和圓滿快樂的人生之路。

在《週六文學評論》(*Saturday Review of Literature*)上,菲麗絲・麥金萊(Phyllis McGinley)寫道:

「不良的教育總引人非議。從任何角度來看,我所受的

教育都令人悲嘆；而我在哀怨了好幾年後，終於發現即使無知也有它的光明面。

世界上真的有文學的風景這種東西！我以一個吃驚的陌生人姿態走進文學風景裡，走進幾乎所有的英文古典名著的國度裡。在導遊的指引之下進入這個國度的人，無法了解一個人是怎樣按照自己的日程徒步在這個國度旅行的。」

她的文章的最後一段很能把握住自我啟蒙和成長的要領：

「在我們能對狄更斯（Dickens）、奧斯丁（Austen）和馬克‧吐溫畢恭畢敬時初次接觸他們，對任何讀者來說都算得上是至福。失學的人有福了，因為他們將繼承聖言！」

雖然閱讀好書是自我改進處方中最重要的成分，但是還有許多可以擴展我們視野的好方法。比如對美好的音樂、藝術、戲劇、社會服務或政治的特殊興趣，都是一些例子。

我們能夠藉著擺脫沒受過良好教育的舊柺杖踏上學習的征途、刺激智力。我們的年齡會越來越大，我們會失去朋友和健康，但是只要有引人入勝的興趣可以填滿內心的空間，就永遠不會孤寂、可憐，甚至會更加欣賞自己！

雙贏人際的藝術

人際交流技巧

人際交流技巧

避免侮辱他人

　　奇異公司的查理・史坦梅茲原來在電氣部門工作的時候，是個一級天才；但是後來調到計算部門任主管時，卻做得非常失敗，因為計算部門的工作非己所長，他難以勝任。但他畢竟是個不可多得的人才 —— 何況他處事十分敏感。

　　於是，奇異電器公司作出了一項重大決定：免除查理・史坦梅茲計算部門主管的職務，同時任命他為「奇異電器公司顧問工程師」。工作還是和以前一樣，只是換了一項新頭銜 —— 並讓其他人去主管那個部門。

　　史坦梅茲十分高興。

　　奇異公司的高層在用人方面可謂煞費苦心。他們已溫和地調動了這位最暴躁的大牌明星職員，而且他們這樣並沒有引起一場大風暴 —— 因為他們讓他保住了面子。

　　保全他人的面子，這是多麼的重要呀！然而卻很少有人想到這一點！很多人總是殘酷地抹殺了他人的感覺，又自以為是；在其他人面前指責一位小孩或員工，甚至不去考慮是否傷害到別人的自尊。相反，一兩分鐘的思考、一兩句體諒

避免侮辱他人

的話、設身處地地為他人著想,要是這樣,就可以緩和許多不愉快的場面。

在辭退傭人或員工時,如果能記住這一點,就能減少很多不必要的麻煩。

會計師馬歇爾‧格蘭格在一封信裡寫道:

「開除員工並不是很有趣,被開除更是無趣。我們的工作是有季節性的,因此,在三月分,我們必須讓許多人離開。

沒有人樂於動斧頭,這已成了我們這個行業的格言。因此,我們演變成一種習俗,盡可能快地把這件事處理掉,通常是依照下列方式進行:『請坐,史密斯先生,這一季已經過去了,我們似乎再也沒有更多的工作交給你處理。當然,畢竟你也明白,你只是受僱在最忙的季節裡幫忙而已。』

這些話為他們帶來失望,使他們產生『受遺棄』的感覺。他們之中大多數人一生皆從事會計工作,對於這麼快就被公司拋棄,當然不會懷有特別的愛心。

我最近決定以稍微圓滑和巧妙的方式來遣散我們公司的多餘人員,為此,我在仔細考慮他們每人在冬天裡的工作表現之後,一一把他們叫進來。而我主要說出下列的話:『史密斯先生,你的工作表現很好(如果他真是如此)。那次我們派你到紐華克去,真是一項很艱苦的任務。你遇到了一些

人際交流技巧

困難，但是處理得很妥當，我們希望你知道，公司很以你為榮。你對這個產業懂得很多 —— 不管你到哪裡工作，都會有很光明遠大的前途。公司對你有信心，並永遠支持你。我們希望你不要忘記！』

結果呢？他們走後，對於自己的被解僱感覺好多了，他們不會覺得『受遺棄』。他們知道，如果我們有工作給他們的話，我們會把他們留下來。而當我們再度需要他們時，他們將帶著深厚的私人感情，再來幫助我們。」

挑剔錯誤的負面效果和讓人保留面子的正面效果有何不同呢？賓夕法尼亞州的佛瑞‧克拉克提供了一件發生在他公司裡的事：

「在我們的一次生產會議中，一位副董事長以一個非常尖銳的問題質問一位生產監督。這位監督是管理生產過程的。他的語調充滿攻擊的味道，而且明顯地指責那位監督處置不當。為了不願在他攻擊的事上被羞辱，這位監督的回答含混不清。這樣一來使得副董事長發起火來，嚴厲斥責這位監督，並說他說謊。

這次遭遇使他之前所有的工作成績都毀於這一刻。這位監督本來是位很好的僱員，從那一刻起，對我們的公司來說已經沒有用了。幾個月後，他離開了我們公司，到另一家跟

避免侮辱他人

我們競爭很激烈的公司工作。據我所知,他在那兒還是非常地稱職。」

安娜‧馬佐尼小姐是一位食品包裝業的市場行銷專家,她的第一份工作是一項新產品的市場測試。她講述了她的經歷:

「當結果出來時,我可真慘了。我在計畫中犯了一個極大的錯。整個測試都必須重來一遍。更糟的是,在下次開會之前,我沒有時間去跟我的老闆討論。

輪到我作計畫報告時,我真是怕得發抖。我盡了全力不使自己崩潰,因我知道我絕不能哭,一哭就會授人以話柄,因為正有人說女人太情緒化,不宜擔任行政業務。我的報告很簡短,只說是因為發生了一個錯誤,我在下次會議會重新再研究。我坐下後,心想老闆一定會指責我一番。

但是,與我所想的完全相反,他只說謝謝我的工作,並強調說在一個新計畫中犯錯誤並不是什麼稀奇事;而且他有信心,第二次的普查會更扎實,對公司會更有意義。

散會之後,我的思想紛亂,我很感激老闆沒有讓我當眾出醜,我暗暗下定決心,我絕不會再讓我的老闆失望。」

假如我們是對的,別人是錯的,我們也不能讓別人丟臉而毀了他的自我。法國傳奇性的飛行先鋒和作家安託安娜‧

> 人際交流技巧

德·聖蘇荷依寫過：「我沒有權利去做或說任何事以貶抑一個人的自尊。因為我覺得如何並不重要，重要的是他自己覺得如何。傷害他人的自尊是一種罪行。」

已故的德懷特·摩洛擁有化解雙方好戰分子的神奇能力。他的方法是：小心翼翼地找出雙方對的地方——他對這點加以讚揚，加以強調，並小心地把它表達出來——不管他做何種處理，他從不指出任何人做錯了什麼。

每一個公正的人都知道這一點——讓人們保住面子。

世界上任何一位真正偉大的人，絕不會沾沾自喜於自己的勝利。

1922年，土耳其在經過幾百年的敵對之後，終於決定把希臘人趕出土耳其領土。穆斯塔法·凱末爾·阿塔圖克（Mustafa Kemal Atatürk）將軍對他的士兵發表了一篇拿破崙式的演說，他說：「你們的目的地是地中海。」

於是，近代史上最慘烈的一場戰爭終於展開了。經過激烈的角逐，土耳其大獲全勝。當希臘的兩位將領——尼古拉斯·特里庫皮斯（Nikolaos Trikoupis）和基蒙·迪格尼斯——前往凱末爾總部投降時，眾多的土耳其人對他們擊敗的敵人加以辱罵。然而，凱末爾絲毫沒有顯出勝利的驕氣。

| 避免侮辱他人

　「請坐，兩位先生。」他握住他們的手說：「你們一定累了。」然後，在討論了投降的細節之後，他安慰他們失敗的痛苦。他以軍人對軍人的口氣說：「戰爭這種東西，最優秀的人有時也會打敗仗。」

　凱末爾即使是在勝利面前，也還記著這條重要的規則——讓他人保住面子。

> 人際交流技巧

委婉指出錯誤

　　有一次，查爾斯·史考伯經過自己的一家鋼鐵廠時，他看見幾個工人正在寫著「禁止吸菸」的牌子下抽菸。雖然是中午，但是工人們沒遵守規章制度，史考伯很不滿意。史考伯是否會怒氣衝衝地指著那牌子說：「你們不識字嗎？」

　　哦，不，史考伯才不會那麼做呢！他朝那些人走過去，遞給每人一根雪茄，說：「諸位，如果你們能到外面去抽這些雪茄，那我真是感激不盡。」工人們立刻知道自己違犯了一項規則——他們很敬重他，哪怕他對這件事不說一句話，還給他們每人一件小禮物，他們也都知道自己錯了。

　　約翰·沃納梅克（John Wanamaker）則用自己的行動巧妙地指責了他的職員。沃納梅克每天都到他在費城的大商店去巡視一遍。有一次，他看見一名顧客站在臺前等待，沒有一位店員對她稍加注意。那些售貨員呢？他發現他們正在櫃檯的另一頭擠成一堆，彼此又說又笑。沃納梅克不說一句話，他默默地鑽到站臺後面，親自招呼那位女顧客，然後把商品交給售貨員包裝，接著他就走開了。

> 委婉指出錯誤

　　民眾常常抱怨上訪時難以見到官員。的確，有時他們非常繁忙，但是也有的時候，是他們的助理人為他擋駕，怕他們訪客太多，造成負擔。卡爾‧蘭福特在迪士尼樂園所在地佛羅里達州奧蘭多市當了多年的市長。他時常告誡他的部屬，要讓民眾來見他。他宣稱施行「開門政策」。然而，當社區的民眾來拜訪他時，還是被他的祕書或行政官員多次擋在門外。

　　這位市長為了實現諾言，後來。他把辦公室的大門拆了。自此之後，這位市長才真正做到了「行政公開」。

　　你想改變一個人，又想不觸犯他，只要懂得轉折的妙用，就會產生不同的結果。

　　很多人在開始責備之前，都先真誠地讚美對方，然後才接一句「但是」，再開始責備。例如，要改變一個孩子不專心的態度，我們可能會這麼說：「約翰，我們真以你為榮，你這學期成績進步了。『但是』假如你代數再努力點的話，就更好了。」

　　在這裡，約翰可能在聽到「但是」之前，感覺很高興；而聽到「但是」之後，馬上他會懷疑這個讚許的可信度。對他而言，這個讚許只是責備他失敗的一條設計好的引線而已。可信度遭受到曲解，我們或許無法達到要改變他學習態度的目標。

人際交流技巧

　　如果轉折委婉一點，把「但是」改為「而且」，這個問題就能輕易地解決了：「我們真的以你為榮，約翰，這學期你的成績有進步，而且只要你下學期繼續用功，你的代數成績就會比別人高了。」

　　都是同樣的意思，這樣表達，約翰可能要容易接受一些，因為沒有什麼失敗的推論在後面跟著。我們已經間接地讓他知道我們要他改的行為，更有希望的是，他會盡力地去達到我們的期望。

　　對那些對直接的指責會非常憤怒的人，間接地使他們去面對自己的錯誤，會有非常神奇的效果。

　　羅德島州的瑪姬・傑格在我們的課程中提到，她如何使一群懶惰的建築工人在幫她蓋完房子之後還徹底清除了垃圾。

　　最初的幾天，傑格太太下班回家之後，發現滿院子都是木屑。她不想去跟工人們抗議，因為他們工程做得很好。所以等工人離開之後，她跟孩子們把這些碎木塊撿起來，並整整齊齊地堆放在屋角。

　　第二早晨，她把領班叫到旁邊說：「我很高興昨天晚上的草地上這麼乾淨，又沒有冒犯到鄰居。」從那天起，工人們每天都把木屑撿起來堆好放在一邊，領班也每天都來，看看草地的狀況。

> 委婉指出錯誤

在後備軍和正規軍訓練人員之間，最大的不同的地方就是理髮，後備軍人認為他們是老百姓，因此非常痛恨把他們的頭髮剪短。

陸軍第542分校的士官長哈雷·凱賽，當他帶了一群後備軍官時，他認為自己要解決這個問題，跟以前正規軍的士官長一樣，他可以向他的士兵吼幾聲或威脅他們，但是他不想直接說他要說的話。

他開始說了：「各位先生們，你們全是領導者。當你以教官身分來領導他人時，那是非常有效的。你必須為尊敬你的人做個榜樣。你們應該了解軍隊對理髮的規定。我今天也要去理髮了，而它卻比某些人的頭髮要短得多。你們可以對著鏡子看看，你想做個榜樣的話，是不是需要理髮了，我們會幫你安排時間到營區理髮部理髮。」

結果是可以預料的。有幾個人自願到鏡子前看了看，然後下午到理髮部去按照規定理髮。次日早上，凱賽士官長講評時說，他已經可以看到，在隊伍中有些人已具備了領導者的氣質。

在1887年3月8日，美國最偉大的牧師及演說家亨利·瓦得·畢奇爾（Henry Ward Beecher）逝世。畢奇爾的影響力是巨大的，如同日本人所說，他改變了整個世界。

人際交流技巧

就在那個禮拜天，萊曼·阿拉特應邀向那些因畢奇爾的去世而哀痛不語的牧師們演說。他急於作最佳表現，因此把他的講道詞寫了又改，改了又寫，並像大作家古斯塔夫·福樓拜（Gustave Flaubert）那樣謹慎地加以潤飾，然後他讀給他的妻子聽。

妻子聽完後，感覺這篇講道詞寫得很失敗，她可以這樣說：「萊曼，寫得真是糟糕！這恐怕是你寫得最差的布道稿了，你會使所有的聽眾都睡著的，聽起來就像一部百科全書。你已經傳道這麼多年了，應該有更好的認知才是。看在老天爺的份上，你為什麼不像普通人那樣說話？你為什麼不表現得自然一點？如果你念出像這樣的一篇東西，可能會令很多人失望的。」

她可以這麼說，但是她並沒有這麼說。因為她知道，這樣說會產生什麼樣的後果。她只是說，這篇講演稿若登在《北美評論》雜誌上，將是一篇極佳的文章。

換句話說，她稱讚了這篇演講稿，但是同時很巧妙地暗示出，如果用這篇講演稿來演說，將不會有好效果。萊曼·阿拉特知道她的意思，於是把他細心準備的原稿撕破；後來講道時甚至不用稿紙，而是即興發揮，反而取得了較好的效果。

巧妙糾正他人

有一位男性,年近40才訂了婚,他的未婚妻勸他去學一下跳舞,豐富一下業餘生活。「上帝知道,我真應該去學學跳舞,他告訴了我經過情形。因為我跳起來還是像20年前我開始跳的時候一樣。我所請的第一位教師,她說我不應該如此,我必須將過去的一切全部忘掉,重新開始。也許她告訴我的是真話,但是她的話使我很灰心。我沒有動力繼續,所以把她辭退了。

第二位老師可能說的是假話,但是我喜歡她。她讚賞地說,我的跳舞姿勢或許有點舊式,但基本功是不錯的,她使我確信我不必費時就可學得幾種新的舞步。第一位老師因為著重我的錯誤而使我灰心,這位新老師正好相反,她不斷地稱讚我,減輕我的負重心理。『你有天生的韻律感覺。』她肯定地對我說:『你真是一位天生的跳舞專家。』現在,我經常告訴自己,我以往總是、將來也總是一個末等的跳舞者;但是在我內心的深處,我仍喜歡想或許她是真意。確實,我付錢使她說我愛聽的那些話,而不願意聽前一位教師

人際交流技巧

那些倒胃口的話。

不管怎麼說，我知道，如果沒有她告訴我有天生的韻律感覺，我就很難有什麼進步。她的話鼓勵了我，給了我希望，並使我不斷進步！」

如果你愛下斷言，輕易地對你的伴侶、孩子或僱員說他很笨，缺少天分，那你就等於堵塞了他進取的路。而如果你用相反的方法，寬容地鼓勵他，使事情看起來很容易做到，讓他知道，你對他做這件事的能力有信心，他的才能還沒有發揮出來，這樣他就會練習到黎明，以求自我超越。

樓維爾・湯姆斯是個處理人際關係的高手，他能給人勇氣與信心，使人充滿自信。有一次，戴爾與湯姆斯夫婦一起度週末，湯姆斯先生請他參加他們的橋牌友誼賽。橋牌對他來說是個全然陌生的遊戲，他一點都不了解它的規則。

樓維爾說：「戴爾，為什麼不試試呢？除了需要一些記憶與判斷的能力外，它沒有什麼技巧可言。你曾經對人類記憶的組織有過深入的研究，所以打橋牌一定難不倒你。」

當戴爾還想拒絕時，湯姆斯先生已經把他拉到橋牌桌邊，他發現這是有生以來第一次參加橋牌比賽。「完全是因為他給了我信心，使我覺得打橋牌不是件難事，才加入這個遊戲的。若不是他，可能至今都不會打牌。」

巧妙糾正他人

說起打橋牌，就不得不提一提赫伯遜先生。凡是打橋牌的地方，沒有不知道赫伯遜這名字的，因為他著的關於打橋牌的書，已經被翻譯成12種語言，並賣出了100多萬冊。但是他卻表示，如果不是一位年輕婦人肯定地告訴他，他有這方面的天才，他永遠不會以這種遊戲作為他的職業。

他在1922年來到美國時，想得到一個教授哲學或社會學的職位，但是他沒有得到。後來他試著賣煤，但是也失敗了。以後他又試著賣咖啡，又失敗了。

那時，他從未想到教別人打橋牌。他不僅牌技很差，而且很固執。他總是向別人提各種問題，並且每次玩牌過後，還要扯一大堆別的事，所以沒有人願意和他一起玩。

後來，他遇見一位美貌的橋牌教師——約瑟芬·狄倫，並和她結了婚。她曾留意到他每次都小心地分析他的牌，於是她對他說，他是橋牌桌上尚未嶄露頭角的天才。赫伯遜告訴我，正是那種鼓勵，也只有那種鼓勵，才使他成為橋牌專家。

因此，如果你想在不招致對方怨恨與不滿的情形下改變、指正他，那麼，用鼓勵的方式，使他／她有信心去面對錯誤，改正錯誤。

193

人際交流技巧

讚揚代替指責

帕特・巴洛是馬戲團演員，他最拿手的節目是讓狗與小馬表演。他一生都跟馬戲團和雜耍團到處旅行。當帕特訓練狗時，只要他覺得狗有了一點點的進步，帕特就會拍牠、誇獎牠，還給牠肉吃，並逗牠一陣子。

這並不是他的獨創。千百年來，馴獸師都是用同樣的方法。

假若我們試圖改變別人時，用嘉許代替斥責，用鼓勵代替謾罵。讚美別人，哪怕是最小的進步，這樣肯定會激勵人們不斷的進步。

著名的心理學家說：「稱讚對溫暖人類的靈魂而言，就像陽光一樣，沒有它，我們就無法成長開花。但是我們大多數的人，只知道躲避別人的冷言冷語，而自己卻吝於把讚許的溫暖陽光給予別人。」

回顧生命，能夠找出許多改變了自身前途的嘉許之言。當然，你也能在你的生命中，找出同樣的東西。歷史全是由這些誇讚的真正魅力來做令人心動的注腳。

讚揚代替指責

　　許多年前，一個 10 歲的男孩在拿波里的一家工廠做工。他一直想當一位歌星，但是他的第一位老師卻對他說：「你不能唱歌，你根本五音不全，你的聲音簡直就像風在吹百葉窗一樣。」

　　但是他媽媽──一位窮苦的農婦──用手摟著他並稱讚他說，她知道他能唱，而且唱得非常好。她節省下每一分錢，好讓他去上音樂課。這位母親的嘉許，改變了這個孩子的一生。他的名字叫恩里科・卡魯索（Enrico Caruso），後來他成了那個時代最偉大、最有名氣的歌劇演唱家。

　　在 19 世紀的初期，倫敦有位年輕人想當一名作家。他好像什麼事都不順利。在他還在中學讀書時，父親因無法償還債務而鋃鐺入獄，因此這位年輕人時常得忍受飢餓之苦。最後，他找到一個工作，在一個老鼠橫行的貨倉裡貼鞋油底的標籤，晚上在一間陰森骯髒的房子裡，和另外兩個男孩一起睡，他們兩個人是從倫敦的貧民窟來的。他對他的作品毫無信心，所以，為了免遭他人笑話，他深夜溜出去，把他的第一篇稿子寄了出去。

　　一個接一個的故事都被退稿，但是他沒有灰心，他把寫成的稿子又一篇一篇地寄出去，終於有一篇被人接受了。雖然他一先令都沒拿到，可有一位編輯誇獎了他，承認了他的價值。他的心情太激動了，那一夜他漫無目的地在街上亂

人際交流技巧

逛，眼淚模糊了他的雙眼。

因為一個故事的付梓，他所獲得的嘉許，改變了他的一生。假如不是這些誇獎，他可能一輩子都在老鼠橫行的工廠做工。你也許聽說過這個男孩，他的名字叫查爾斯·狄更斯（Charles Dickens）。

還有一個男孩，在一家乾貨店工作。早上5點鐘他就得起床，打掃店面。那真是單調又辛苦的工作，他也非常討厭這份工作。兩年後，他無法忍耐了，有一天起床後，還沒吃早餐，就跋涉了15里的路，去投奔他當管家的母親。

他向母親傾訴了自己的遭遇，他說假如他繼續做那份工作，將會毀了他。後來，他寫了一封悲慘的長信給他的老校長，說他心已死，不想再活下去了。他的老校長給了他一些安慰，並說他確實很聰明，應該得到好一點的事，於是請他當一名老師。

這位老校長幾句免費的稱讚改變了這位年輕人的一生，也為英國文學史留下了不朽的一頁。這位男孩陸續地寫了無數本暢銷書，並且賺了好幾百萬。他的名字叫 H·G·威爾斯（H. G. Wells）。

用讚揚來代替責罵，是伯爾赫斯·弗雷德里克·史金納（B. F. Skinner）的基本觀點。這位偉大的心理學家以動物和

讚揚代替指責

人的實驗來證實,當指責減少而鼓勵和誇獎增多時,人所做的好事會增加,而不良心理及做壞事的念頭則會萎縮。

北卡羅來納州洛杉磯的約翰‧林傑波夫,就是用這種態度來對待他的孩子的。在許多個家庭裡,父母與孩子關係的最常見形式是吼叫。這些家庭的例子顯示,經過一段時期之後,孩子與父母的關係就變差了。

林傑波夫先生決定用吼叫之外的一些方法來解決這個情形。他說:「我們決定以稱讚孩子來代替挑剔孩子的過失。這很不容易做到。當我們看到他們做的是負面的事情時,要找些事情來稱讚,真的很難。我們想辦法去找他們值得讚美的事情,這樣做之後,他們以前所做的那些令人不高興的事,真的就不再發生了。接著,他們一些別的缺點也都消失了,他們開始照著我們的讚許去做。果然,他們乖得出乎意料,連我們都不敢相信。當然,它並沒有一直持續下去。但總是比以前要好得多了。現在我們不必再像以前那樣地糾正他們。孩子們做對的事情要比做錯的多。這些全都是讚美的功勞,即便讚美他最細微的進步,也比斥責他的過失要好得多。」

在工作上對待員工也是如此。凱斯‧羅伯在加利福尼亞州木林山的公司就使用了這個原則。他的印刷廠接的東西,品質要求非常嚴格。但印刷員是位新人,還不太適應他的工作。他的監督很不高興,想解僱他。

人際交流技巧

　　當羅伯先生知道了這件事以後，親自到印刷廠，跟這位年輕人談了談。他告訴他，對他剛接的工作，他非常滿意，並且告訴他，這是他在公司裡所看到最好的成品之一。他還指出好在哪裡，以及那位年輕人對公司的重要性。

　　這怎麼可能不影響那位年輕人對工作的態度呢？幾天之後，情況大大改觀。他告訴他的同僚，羅伯先生非常欣賞他的成品。從那天開始，他就成為一位忠誠細心的工人了。

　　任何人都渴望被賞識和認同，而且會不計一切去得到它。但是也並非是對阿諛逢迎之言都照單全收。

　　本書所敘的做人原則，只有真心誠意才會有用。這樣不是擁護滿腹的詭計，而是一種新的生活方式。

　　在改變人方面，假如我們願意激勵一個人來了解他所擁有的內在寶藏，那我們所能做的就不只是改變人了，而是重新塑造他。

　　這並不是聳言危聽！美國有史以來最有名、最傑出的心理學家威廉‧詹姆士（William James）告訴我們：「若與我們的潛能相比，我們只是半醒狀態。我們只利用了我們的肉體和心智慧源的極小一部分而已。往大處講，每一個人離他的極限還遠得很。他擁有各種能力，但是往往習慣性地未能運用它。」

讚揚代替指責

在威廉‧詹姆士所說未能運用的能力之中，有一種你必定沒有發揮出來，那就是讚美別人、鼓勵別人，激勵人們發揮潛能的能力。

能力會在責備下乾枯萎縮，而在鼓勵下綻放花朵。因此，讚美最細小的進步，面且是讚揚每一次的進步。記住：要誠懇地認同和慷慨地讚美。

人際交流技巧

換位思考

　　美國最著名的傳記作家艾達・塔貝爾小姐（Ida Tarbell）在為歐文・楊（Owen Young）寫傳記的時候，他訪問了跟楊先生在同一間辦公室工作了 3 年的一個人。

　　這人宣稱，在他們共處的那段時間內，他從未聽見過歐文・楊向任何人下過一次直接命令。他總是建議，而不是命令。例如，歐文・楊從來不說：「你去做這個」或「你去做那個」，或是「不要做這個」或「不要做那個」。他總是說：「你可以考慮這個」或「你認為，這樣做可以嗎？」他在口授一封信之後，經常說：「你認為這封信如何？」他在檢查某位助手所寫的信時，他總是說：「也許我們把這句話換一種說法，效果會比較好一點。」他總是給人自己動手的機會；他從不告訴他的助手如何做事；他讓他們自己去做，讓他們從自己的錯誤中學到真正的知識。

　　用這種平和、親近的方法，既能使人們樂於改正自己的錯誤，又維護了他們的自尊，使他們覺得自己很重要。這樣他們就願意和你合作，而不是反抗你。

換位思考

在糾正錯誤時，哪怕你是師長、長輩，粗魯的態度也會引起不良的反應和持久的憤怒。唐・撒塔瑞是賓西法尼亞州一所職業學校的老師，有一個學生因非法停車而堵住了一個學院的入口。他便不問青紅皂白地衝進教室，以一種非常凶悍的口吻問道：「是誰的車堵住了車道？」當車主回答時，他吼道：「請你馬上開走，否則我就把它綁上鐵鏈拖走。」

學生亂停車顯然不對。但是從那天之後，不僅這位學生對那位導師的舉止感到反感，全班的學生也都對他側目而視，使得他的工作更加不愉快。

其實，他完全可以換一種方法處理這個問題。比如，他友善一點地問：「車道上的車是誰的？」或建議說：「如果把它開走，那別的車就可以進出了。」這位學生一定會很樂意地把它開走，老師和他的學生也就不會產生那麼大的隔閡。

建議甚或徵求意見的方法用於生意上，更能收到意想不到的效果。

伊恩・麥克當時是南非約翰內斯堡一家小工廠的經理。有一天，他接了一單大生意，但是他相信他沒有辦法趕上出貨期。工廠已排定工作，而這張訂單所需要的完成時間，短得使他無法確定是否去接這張訂單。

他並沒有催促工人加速工作來趕這張訂單，他只召集了

人際交流技巧

大家,向他們說明這個情形,並對他們說,假如能準時趕出這張訂單,對他們和公司的意義會有多大。

「我們有什麼辦法來完成這張訂單?」

「有沒有人有別的辦法來處理它,使我們能接這張訂單?」

「有沒有別的辦法來調整我們的工作時間和工作的分配,來幫助整個情況?」

員工們各抒己見,並一直要求他接下這張訂單。他們用一種「我們可以辦到」的態度來得到這張訂單,並且如期出貨。

用「建議」而不是「命令」,不但能維持對方的自尊,而且能使他樂於改正錯誤,並與你合作。因此,在改變他人時,為避免引起憎恨,請發問,而不是直接下命令。

不輕易責怪

　　喬瑟芬・卡內基高中畢業時,只有 19 歲,卡內基請姪女到紐約來擔任他的祕書。如今,她已是一位十分幹練的祕書了。但是在剛開始的時候,她還沒有什麼做事的經驗,十分敏感脆弱。

　　有一次卡內基準備指責她,卻又馬上對自己說:「等一下,戴爾,等一下。你幾乎有喬瑟芬兩倍的年紀,做事經驗更是多出好幾倍,怎麼可以要求她能有你的看法、判斷和主動自發的精神 —— 何況你自己也並不非常出色?還有,戴爾,你在 19 歲的時候是什麼德行?記得你像蠢驢一樣犯下的錯誤嗎?記得你也曾做過這樣或那樣的錯事嗎?假如如實地下個結論:喬瑟芬比你 19 歲時要好得多 —— 慚愧的是,你卻沒有稱讚過她。」

　　所以,再遇到喬瑟芬犯錯時,卡內基總是這樣說:「喬瑟芬,你犯下了一項錯誤。但是,老天知道,我以前也常常如此。判斷力並非生來具備,那全得靠自己的經驗。我在你這個年紀的時候還比不上你呢。我實在沒有資格指責別人,

人際交流技巧

但是，依我的經驗，假如你這麼做的話，或許會好些？」

聽別人數說自己的錯誤有時很難接受，但是假如對方謙卑地自稱他們也並非完美，我們的心理就會比較平衡一些。

達利斯通是加拿大的一位工程師，他發現祕書常常把口授的信件拼錯字，幾乎每一面總要錯上二三個字。於是他決定要讓她改正這個錯誤：

「其實我和許多工程師一樣，英文或拼寫有時也會出錯。但是我有個保持了好幾年的習慣，就是常常隨身帶著一本小筆記簿，上面記下了我常拼錯的字。我發現祕書所犯的錯誤後，及時替她指了出來，但她還是我行我素，一點也沒有改進的意思。

我決定改變方式，等第二次又發現她拼錯時，我坐到打字機旁，指著她打錯的地方說：這個字好像打錯了，這也是我常拼錯的一個字，幸好我隨身帶有拼寫簿（我開啟拼寫本，翻到所要的那頁）。哦，就在這裡。我現在對拼寫十分注意，因為別人常常以此來評判我們，而拼錯字也會貶低我們公司的形象。

我不知道後來她有沒有採用我的方法。但是很顯然，自那次談話之後，她就再沒出現過拼錯字的錯誤了。」

承認自己的錯誤，就算你還沒有改正過來，也可以幫助

改善他人的行為。請看克拉倫斯・澤休森講述的故事。

他偶然發現自己 15 歲的兒子正學著抽菸 ——「我自然不願意大衛抽菸。」澤休森說道:「但是他的媽媽和我都抽菸,我們為孩子作出了不好的榜樣。我告訴大衛說,自己如何在年輕的時候開始抽菸,如何為菸癮所害,到現在已經是無法戒除了。我提醒他,我因抽菸已咳嗽得很厲害,如果他抽上個幾年,情形也會跟我一樣。

我沒有打他罵他,也沒有阻止他不抽菸,我只是指出自己如何染上菸癮,然後身受其害的事例影響他。

大衛想了一陣子,決定在高中畢業前暫不抽菸。好幾年過去了,大衛一直沒有再抽菸,也沒有想抽的意思。

自那次警告孩子後,我也決定戒菸,由於家人的支持、幫忙,我終於成功了。」

記住,在指責別人之前,要先想想自己的錯誤。

電子書購買

爽讀 APP

國家圖書館出版品預行編目資料

人際練習簿，用智慧編織屬於你的人脈：化解衝突、打破僵局，只要找對方法，人際關係其實沒有那麼難 / 吳載昶，羅哈德 著 . -- 第一版 . -- 臺北市：財經錢線文化事業有限公司，2024.10
面；　公分
POD 版
ISBN 978-626-408-037-8(平裝)
177.3　　113015374

人際練習簿，用智慧編織屬於你的人脈：化解衝突、打破僵局，只要找對方法，人際關係其實沒有那麼難

臉書

作　　　者：吳載昶，羅哈德
發 行 人：黃振庭
出 版 者：財經錢線文化事業有限公司
發 行 者：財經錢線文化事業有限公司
E - m a i l：sonbookservice@gmail.com
粉 絲 頁：https://www.facebook.com/sonbookss/
網　　　址：https://sonbook.net/
地　　　址：台北市中正區重慶南路一段 61 號 8 樓
8F., No.61, Sec. 1, Chongqing S. Rd., Zhongzheng Dist., Taipei City 100, Taiwan
電　　　話：(02) 2370-3310　　傳　　真：(02) 2388-1990
印　　　刷：京峯數位服務有限公司
律師顧問：廣華律師事務所 張珮琦律師

-版權聲明-

本書版權為淞博數字科技所有授權崧燁文化事業有限公司獨家發行電子書及繁體書繁體字版。若有其他相關權利及授權需求請與本公司聯繫。

未經書面許可，不得複製、發行。

定　　　價：299 元
發行日期：2024 年 10 月第一版
◎本書以 POD 印製
Design Assets from Freepik.com